하나님이 소중하고

아름답게 만드신

_____ 의

책입니다.

성(性)과 새로운 나 남자

감수

이영주 교수

컬럼비아국제대학교(Columbia International University)에서 박사학위(Ph.D)를 받았으며,
중앙기독초등학교 교장을 역임했고 현재 햇불트리니티신학대학원대학교 겸임교수로 재직 중입니다.

이진아 전도사

게이트웨이신학교(Gateway Seminary)에서 교육학(Educational Leadership) 석사 과정을 마쳤으며,
20여 년간 어린이 사역자로 헌신해왔습니다. 현재 얼바인 베델교회 교회학교 디렉터로 섬기고 있으며,
미국과 한국에서 성경적 성교육과 제자훈련 강사로, 남가주 다음세대 지키기 대표로 활동하고 있습니다.
저서로 《십대를 위한 성경적 성교육》(두란노) 등이 있습니다.

Originally published in the U.S.A.
under the title

Learning About Sex:
Sex & The New You: For Boys Ages 12-14

Text and artwork copyright © 1982, 2015 Concordia Publishing House
3558 S. Jefferson, Saint Louis, Missouri 63118 - USA
www.cph.org

This Korean edition copyright © 2021 by Kyujang Publishing Company, Seoul, Republic of Korea.

우리 자녀
성경적 성교육 시리즈
개정판

성性과 새로운 나

박영주 · 이진아 감수 | 이찬수 추천

SEX & THE NEW YOU

만 13-18세
청소년
남자

다음세대연구소 · 규장

이대로 방치하기에는 우리 자녀들이 처한 현실이 너무나 위험하고 불안합니다. 더욱이 성(性)에 관한 문제에 있어서는 위험 수위를 넘어선 상태입니다. 부모의 손이 닿지 않는 인터넷과 사이버 영역에서 너무나 악하고 음란한 세력이 우리 자녀들을 넘어뜨리려고 우는 사자와 같이 삼킬 자를 찾아 헤매는 악한 시대입니다.

이러한 상황에서 내놓은 책이 〈우리 자녀 성경적 성교육 시리즈〉입니다. 성과 관련한 왜곡된 정보가 들어가기 전에 성경적인 기준으로 자녀교육이 이루어져야 하기 때문입니다.

이런 점에서 〈우리 자녀 성경적 성교육 시리즈〉의 개정판이 나오게 된 것을 감사하게 생각합니다. 이 시리즈를 통해 부모님들이 먼저 관심을 갖고 공부하면서 중심을 세워나가기를 바라고, 그 중심을 가지고 자녀의 수준에 맞는 성경적 성교육이 진행되기를 바랍니다. 기준 없는 시대에 바른 기준을 세워, 우리 아이들을 살리고 회복하여 세상이 다시금 그들의 영향을 받아 변화되는 역전이 있기를 간절히 바랍니다.

개정판의 특징을 간략히 말씀드리면 다음과 같습니다.

1. 번역서가 갖는 문화적인 차이를 극복하기 위해 추가적인 설명을 첨부하였습니다.

필요에 따라 본문을 읽기 전에 읽어볼 내용들을 추가하여 저자의 의도를 파악할 수 있도록 배려하였습니다. 글을 읽을 때, 저자의 의도를 놓치지 않는 것이 정말 중요합니다. 추가된 설명을 먼저 읽고 본문을 읽어주시길 부탁드립니다.

2. 모호한 표현을 명확하게 수정하였습니다.

번역상 매끄럽지 못한 부분, 자칫 오해를 살 수 있는 표현과 한국 정서에 맞지 않는 부분을 수정, 보완하였습니다.

3. 책을 가정과 교회에서 더 잘 활용할 수 있도록 가이드 영상을 제공합니다.

다음세대연구소 홈페이지에서 볼 수 있도록 준비하였습니다. 나이에 맞는 강의를 선택하여 들으시면 되고, 책의 핵심 내용과 그 내용을 어떻게 아이들에게 전하면 좋을지 고민하며 영상을 봐주시면 좋겠습니다.

이 책이 개정되기까지 많은 분의 관심과 수고가 있었습니다. 일일이 언급하기엔 지면이 모자라지만, 대표적으로 이 책을 추천해주신 얼바인 베델교회 이진아 전도사님, 책을 감수해주신 햇불트리니티 박영주 교수님, 바쁘신 가운데 기꺼이 시간을 내주시어 개정 과정에 도움을 주신 신국원 교수님, 함영주 교수님, 강성호 교수님께 감사의 마음을 전합니다. 연구소로 의견과 제안을 전해주신 학부모님들과 선생님들, 성도님들께도 감사드립니다.

정말 많은 분들의 애씀을 통해 교회와 가정에서 다음세대에게 성경적으로 성교육을 할 수 있는 교재가 마련되었습니다. 올바른 기준을 가지고 살아가는 우리 자녀들이 되기를 간절히 바라며, 그들을 지도하고 돕는 모든 부모님과 선생님들을 응원합니다.

다음세대연구소

추천의 글

자녀들을 성경적인 가치관으로 양육하고 교육하는 일이 갈수록 어려워짐을 느낍니다. 특히 빠른 속도로 변하는 세상 문화의 흐름 속에서 우리 자녀들은 하나님의 말씀과 성경적 가치관으로 무장하기도 전에 세상 가치관에 노출되고 휩쓸려버리곤 합니다.

특히 성(性)적인 부분에서는 더 심각합니다. 크리스천 부모들이 자녀들에게 언제부터, 어떻게 성교육을 해야 할지 몰라 우왕좌왕하는 사이에 우리 자녀들은 위험할 정도로 빠르게 세상적 성 가치관으로 물들고 있습니다.

특히 남성과 여성으로 인간을 창조하신 하나님의 창조 섭리는 무시한 채, 원한다면 얼마든지 본래 가지고 태어난 성별은 무시해도 좋다는 세상의 세태 속에서 크리스천 자녀들의 혼란은 더욱 커지고 있습니다.

이런 때에 가장 중요한 것은 세상의 가치관이 우리 자녀들을 휩쓸기 전, 아주 어린 시절부터 성경적 가치관에 따라 하나님의 창조 섭리 가운데서 성교육을 함으로써, 올바르고 건강한 성 가치관을 세워주는 것입니다. 건강한 성 가치관이 굳건히 세워지게 되면 혼란한 세상의 물결 속에서도 쉽사리 흔들리지 않을 것입니다.

〈우리 자녀 성경적 성교육 시리즈〉는 그런 의미에서 꼭 필요한 책입니다. 남자와 여자의 몸이 왜 다른지에 관심을 기울이기 시작하는 유아기 때부터 성에 대한 호기심이 급격히 높아지는 청소년 시기에 이르기까지 단계에 맞추어 남자와 여자는 왜 다른지, 아기는 어떻게 생기고 태어나는지, 성에 대한 궁금증 등을 사실에 기반하여 진리 안에서 전하고 있습니다.
연령대에 맞추어 4단계로 이루어져 있으며, 특히 남자와 여자 책으로 분리하여 성별에 맞는 성교육이 이루어질 수 있도록 구성한 것이 이 시리즈의 특징입니다.
너무나 사랑하고 소중한 우리 자녀들에게 성경적인 가치관 안에서 올바른 성교육을 할 수 있도록 돕는 이 시리즈를 이 땅의 다음세대는 물론 모든 크리스천 부모님들과 선생님들께 추천합니다.

이찬수 목사

추천사

다음세대연구소의 〈우리 자녀 성경적 성교육 시리즈〉는 다음세대를 향한 사랑이 담긴 책입니다. 부모의 심정으로 자녀들을 가르치려는 세심한 배려가 느껴집니다. 번역서이지만 우리 실정에 맞추어 개정한 수고도 역력합니다. 아동과 청소년 교육 전문가와 목회자들의 의견에 귀를 기울여 연령별로 성별 특성에 맞게 따로 제작한 노력이 돋보입니다.

성(性)은 하나님께서 주신 귀한 선물입니다. "보시기에 심히 좋았더라"라고 하신 창조 질서의 일부입니다. 성은 가장 친밀한 관계를 맺게 해주는 원천입니다. 그 친밀을 기반으로 가정과 가족이 이루어지고 지속됩니다. 이 시리즈는 성경적인 관점에서 성의 본질적 의미를 아이들의 발달 과정에 맞추어 잘 설명해줍니다. 임신과 출생, 그리고 성적 특성들이 발달하는 과정도 주의 깊게 가르쳐줍니다. 특히 성을 삶 전체의 맥락에서 전인적으로 접근한 것이 큰 장점입니다.

오늘날 아동과 청소년에게 바른 성교육은 너무도 중요합니다. 취학 이전의 시기부터 성경적 가치관에 입각한 바른 성교육이 절실하게 요청되고 있습니다. 왜곡된 성적 호기심이 아주 어린 나이부터 파고들기 때문입니다.

잘못된 성적 가치관을 유포하는 것은 스마트폰이나 인터넷만이 아닙니다. 영유아들이 보는 그림책에도 그런 내용이 너무도 많다는 것을 알고 크게 놀랐던 적이 있습니다. 이 책은 창조와 구속의 관점에서 타락의 결과 죄로 왜곡된 가치관을 교정해줍니다.

그간 성경적 가치관에 입각한 성교육 교재가 많지 않았습니다. 이 책은 부모가 자녀에게 성에 대한 건강한 가치관을 가르치는 데 큰 도움이 될 것입니다. 또 기독교 유치원을 비롯하여 학교와 교회에서도 사용할 수 있을 것입니다. 이 책이 왜곡된 정보에 매일 노출되고 있는 아이들의 가치관을 바로잡는 데 귀하게 사용될 수 있을 것으로 믿어 기쁨으로 추천합니다.

신국원 목사

총신대학교 신학과 명예교수, (사)기독교세계관학술동역회 이사장

다원주의와 쾌락주의 문화가 지배하고 있는 현대 사회의 성 윤리는 매우 심각한 위기에 처해 있습니다. 인간은 하나님께서 만드신 아름다운 성을 왜곡하여 성에 대한 옳지 않은 구조를 만들었을 뿐 아니라 그것을 부정적인 방향으로 사용하고 있습니다. 더 심각한 문제는 이러한 성에 대한 옳지 않은 구조와 인식이 우리의 다음세대 자녀들에게도 고스란히 노출되어 있다는 것입니다. 그 결과 성범죄의 연령대가 점점 낮아지고 있고, 옳지 않은 성적 행위를 스스럼없이 행하고 있습니다.

이러한 현실에서 성에 대한 성경적 관점이 무엇인지를 교육하는 일은 더 이상 선택사항이 아닌 필수사항이 되었습니다. 이 점에서 〈우리 자녀 성경적 성교육 시리즈〉는 유아기 때부터 하나님이 만드신 성의 의미를 알게 하고 성에 대한 성경적 관점을 배울 수 있게 해주기 때문에 기독교교육적으로 매우 중요한 의미를 갖습니다. 이 시리즈의 가장 큰 특징은 연령별로 그에 맞는 성경적 성 관념을 알게 해준다는 데 있습니다.

미취학 아동들에게는 하나님께서 사람을 남자와 여자로 만드셨다는 사실을 명확하게 설명해주며, 초등학생들에게는 하나님이 만드신 남자와 여자가 어떠한

과정을 통해 출산하여 가족이 되는지를 알게 합니다. 또한 청소년들에게는 청소년기에 겪게 되는 다양한 성적인 변화를 알려주고, 그러한 변화에 어떻게 대응해야 하며 타인의 성을 어떠한 방식으로 존중해야 하는지를 알려주는 내용을 담고 있습니다.

따라서 본 교재는 미취학 아동부터 청소년에 이르기까지 발달단계에 맞는 성경적 성교육을 실시하도록 돕는다는 점에서 매우 훌륭한 교재라 할 수 있습니다. 또한 본 시리즈의 중요한 특징 중 하나는 성경적인 관점으로 성과 관련된 문제들을 다루고 있다는 데 있습니다. 이 시리즈는 인간이 성장하면서 겪을 수 있는 다양한 성과 관련된 문제들에 대하여 성경이 어떻게 말씀하는지 명확하게 설명합니다. 그래서 성을 인본주의적이고 쾌락주의적인 방식으로 해석하는 관점을 배격하고 성경적으로 바라보고 해석하도록 돕습니다. 이 시리즈가 성경적 성교육을 실천하고자 하는 부모, 교회학교 교사, 사역자들에게 큰 도움이 되기를 기대합니다.

함영주 교수
총신대학교 기독교교육과

〈우리 자녀 성경적 성교육 시리즈〉는 한국의 기독 가정에서 자녀들에게 성을 어떻게 가르쳐야 하는지 실제적인 지침들을 제공하고 있습니다. 이 시리즈는 성과 결혼과 가정에 대한 성경적 가르침을 탁월하게 담고 있어서 많은 독자들의 긍정적인 평가를 받은 바 있습니다. 그럼에도 불구하고 이 교재에 대한 우려의 목소리도 있습니다. 그중에 성에 대한 자세한 묘사로 어린이와 청소년 독자들에게 성을 너무 일찍 인식하게 만들 수 있다는 우려는 한국의 그리스도인 부모들이 실제로 우려할 만한 지점입니다. 부모로서 자녀들에게 해로운 것은 조금도 주지 않으려는 마음을 고려할 때, 충분히 납득 가능한 문제 제기입니다. 그러나 〈우리 자녀 성경적 성교육 시리즈〉 개정판은 그와 같은 우려를 충분히 불식시키고 그리스도인 부모들에게 성을 가르치는 최고의 성경적 지침을 제공합니다.

첫째, 유아기의 성교육은 자녀들이 성에 대한 바른 지식을 갖고 올바른 성 의식과 태도를 갖춘 사람으로 성장하는 데 필수적인 것입니다. 최근의 유아기 자녀를 위한 성교육 연구들은 유아 시기의 성교육이 불필요한 성적 호기심을 유발하기보다 성과 자기 자신에 대한 건전한 인식을 형성하도록 돕고 있음을 보여줍니다. 이미 한국사회의 경제 발전과 문화 환경의 변화로 매체를 통한 성적 성숙의 조기화 현상이 유아기 아이들에게 나타나고 있습니다. 성교육 교재가 성적 성숙의 조기화 현상을 초래한 것이 아니라 이미 사회적 현상으로 성적 성숙의 조기화 현상이 우리 사회 안에 자리 잡고 있다는 것입니다. 그러므로 그리스도인 가정의 유아기 자녀들을 위한 성교육 지침이 필요하며 이 성교육 교재는 이러한 필요에 대한 적실한 응답이 될 것입니다.

둘째, 이 시리즈는 성과 신체 변화에 대한 질문을 불경한 영역으로 금기하지 않고 청소년 시기의 자녀들에게 필요한 설명을 제공하여, 자녀들이 자기 자신을 바르게 이해하고 사랑하도록 돕는 교재입니다. 다시 말해, 이 교재는 청소년기 자녀들의 상황에 대한 깊이 있는 이해를 바탕으로 하나님의 사랑을 탁월하게 전하고 있습니다. 급격한 신체 변화를 경험하는 청소년들에게 이 교재는 하나님의 사랑과 은혜와 축복이 여전히 변함없다는 말씀을 효과적으로 전하고 있습니다.

청소년기 자녀들의 현실 속으로 들어가서 그들의 삶에 가장 내밀한 문제인 신체 변화와 성 문제에 하나님의 사랑과 은혜를 비추어줍니다.

결론적으로, 〈우리 자녀 성경적 성교육 시리즈〉는 한국교회에 큰 축복이 될 것입니다. 가정과 결혼과 성에 대한 성경적 가치가 교회 안에서조차 제대로 전수되지 못하고 있는 현실 속에서 크리스천 자녀들에게 성과 자기 자신에 대해서 바르게 가르칠 수 있는 좋은 교재의 출판은 한국교회와 크리스천 가정에 놀라운 선물이 될 것이기 때문입니다.

강성호 교수

고려신학대학원 기독교윤리학 외래교수

〈우리 자녀 성경적 성교육 시리즈〉는 모든 자녀와 부모가 읽어야 할 필독서입니다. 남자와 여자를 구별하는 것이 차별인 이 시대에 말씀을 통하여 왜 우리가 남자와 여자로 지음 받았는지, 하나님의 창조 목적을 배우는 것은 너무나 필요하고 또 중요합니다.

지금은 대중문화가 끊임없이 쏟아내고 있는 성적 메시지와 공교육에서 행해지는 무분별한 성교육으로 인해 우리 자녀들이 큰 혼란에 빠져 있는 상황입니다. 제가 사역하고 있는 미국은 미디어와 공교육의 영향으로 많은 교회 안의 자녀들이 성 정체성의 혼란으로 신음하고 있습니다. 해결책은 우리를 남자와 여자로 창조하신 하나님의 말씀을 바탕으로 미리 가르치는 것입니다. 왜냐하면 어렸을 때 처음 배운 내용들은 우리 머릿속에 항상 있기 때문입니다.

부모님들은 이제 선택을 해야 합니다. 세상에서 주는 성교육이든지, 말씀을 통한 성경적 성교육이든지 둘 중에 하나를 택해야 합니다. 자녀들을 성경적 성교육으로 적극 훈련하는 것이 절실히 필요한 시대입니다. 어릴 때부터 성경적 성교육으로 훈련하여 성경적인 성 가치관을 깨닫게 된다면, 세상에서 쓰나미처럼 몰려오는 왜곡된 성적 메시지를 밀어낼 수 있는 영적 근육이 생기게 될 것입니다.

이 시리즈는 어릴 때부터 성경적 세계관을 심어주는 발판이 될 것이며, 이로 인해 주위에서 일어나는 혼란한 성 문제들을 말씀으로 바라볼 수 있는 '말씀 렌즈'를 갖게 할 것입니다. 말씀 렌즈를 통해 성경적 성 가치관이 마음에 자리 잡아 궁극적으로 멋진 남자와 현숙한 여인으로 훈련될 것입니다. 나이에 따라 점진적으로 하나님의 창조 질서와 성경적인 결혼의 가치관, 순결의 정의를 가르치는 〈우리 자녀 성경적 성교육 시리즈〉를 통해 우리 자녀들이 하나님의 군사로 세워지기를 소망합니다.

이진아 전도사
얼바인 베델교회 교회학교 디렉터, 남가주 다음세대 지키기 대표

프롤로그

〈우리 자녀 성경적 성교육 시리즈〉는 부모가 자녀에게 성에 대해 건강한 성경적 가치관을 전달하는 것을 돕기 위해 고안된 시리즈입니다. 시리즈의 네 번째 책인 《성과 새로운 나》는 특히 만 13~18세 청소년들을 위해 집필되었습니다. 또한 자신이 돌보는 자녀 및 학생들과 대화를 나누기 원하는 부모, 교사와 성교육에 관심 있는 어른들이 참고해도 좋습니다.

〈우리 자녀 성경적 성교육 시리즈〉의 다른 책과 마찬가지로 이 책은 성(性)의 정신적, 감정적, 육체적, 영적인 측면에 대한 정보를 담고 있습니다. 특히 그 모든 내용은 우리를 창조하시고 예수 그리스도 안에서 우리를 구속하신 하나님과의 관계에 입각하여 분명한 기독교 관점으로 기술하였습니다. 또한 성(性)을 하나님이 주신 좋은 선물로 소개하며, 우리의 전반적인 신앙생활이라는 큰 맥락 안에서 이해할 수 있도록 돕습니다.

〈우리 자녀 성경적 성교육 시리즈〉의 각 책은 연령대에 따라 4단계로 나뉘어 있습니다. 각 단계에 따라 그에 맞는 어휘와 정보의 양을 담고 있으며, 각각 그 연령대의 자녀들이 일반적으로 궁금해하는 질문들에 대한 답을 주고 있습니다. 연령대로 단계가 나뉘어 있기는 하지만 아이들의 발육 속도와 흥미 수준은 매우 다양하기 때문에 부모님과 선생님들은 이 시리즈의 각 단계의 책을 미리 보고, 아이가 준비가 되었을 때 다음 단계의 책을 보도록 안내해주시기 바랍니다.

성경에 기반을 둔 이 시리즈는 성교육을 포함하여 남자아이가 남성으로 성장하는 데 필요한 광범위한 분야를 다루고 있으며, 개인적인 훈련이 가능하도록 구성되어 있습니다. 따라서 이 책을 소년들이 건강한 남성으로 자라도록 돕는 훈련 프로그램의 하나로 사용할 수 있습니다.

소년에게는 바울과 디모데 같은 멘토링 관계에서 이런 훈련이 가능합니다. 아직 많은 것을 배워야 하는 소년들은 예수님을 구세주로 신뢰하는 아버지, 할아버지, 또 다른 성인 남성으로부터 많은 것을 배웁니다. 이런 관계 속에서 소년들은 성에 대해 질문하고 답을 들을 수 있으며, 통찰력 있는 토론을 나누고, 경건한 행동의 모범을 볼 수 있습니다. 누구보다도 부모님(양육자)이 보여주시는 긍정적인 태도와 하나님이 기뻐하시는 성경적 가치들의 표현이 성경을 제외한 어떤 책보다 우리의 자녀가 건강하게 성장하는 데 큰 영향을 미칠 것입니다.

하나님 말씀의 진리와 그분의 은혜의 능력으로 세상의 거센 도전들을 이겨낼 때 주어지는 지혜를 세대에서 세대로 지속적으로 전달할 때 하나님의 계획이 아름답게 펼쳐질 것입니다. 우리는 이 책이 하나님의 위대한 계획에 대해 부모님과 자녀가 마음을 열고 진솔하고 의미 있는 대화를 나누게 되는 출발점이 되기를 기도합니다.

차례

CHAPTER 01

궁금한 이야기

앞에 나온 질문들, 한 번쯤 들어봤지? 어쩌면 이 글을 읽는 너도 그런 질문을 했을지 모르겠구나. 누군가 그 질문에 답을 해주었지만 그 답에 확신을 갖지 못했을지도 모르겠다. 이 책은 그런 우리가 우리 몸에 대해, 다른 사람과의 관계에 대해, 성(性)에 대해, 남자와 여자의 차이점들에 대해 가졌던 질문들에 대한 답을 구하는 데 도움을 주고자 준비되었단다.

더 중요한 것은, 이 책이 우리에게 생명을 주시고 우리를 지금의 모습으로 만드신 분을 떠올리게 해줄 거라는 사실이야. 우리는 하나님의 자녀야. 하나님이 우리를 사랑하셨기에 하나뿐인 그분의 아들을 보내서서 우리를 위해 살게 하시고 또한 죽게 하셨지. 이와 같은 사랑은 하나님이 우리를 절대 외면하지 않으실 거란 사실을 의미해. 하나님은 우리를 인도하시고, 보호하시며, 용서하실 거야. 그리스도께서 우리를 위해 죽으셨고, 우리의 죗값을 치르셨기 때문에 하나님은 우리의 있는 모습 그대로를 받아주실 수 있어. 또한 그리스도께서 인간이 되셨기 때문에, 즉 너와 같은 남자가 되셨기 때문에 성과 몸에 대한 너의 질문과 의문들, 성적인 몽상까지도 다 이해하신단다.

주님은 우리가 주님과, 다른 사람들과, 또 우리 자신과 건강한 관계를 맺고 그 안에서 성장하도록 도와주서. 주님은 우리가 '새로운 나'가 되도록 도와주서.

물론 이 책을 읽는다고 해서 눈앞의 문제들이 저절로 해결되지는 않을 거야. 여전히 자신의 모습과 감정을 보며 실망할 수 있지. 하지만 이 책을 통해 이런 것들을 정직하게 바라보고, 생각하고, 누군가와 나눌 기회를 얻게 될 거야. 너는 네가 아닌 다른 사람이 되고 싶다고 생각할지도 모르겠지만, 이 책에서 너는 하나님에 의해 창조되었다는 이야기를 거듭 듣게 될 거야.

이 책을 읽어가는 동안 네 나이 또래의 청소년들이 자주 하는 질문들이 몇 가지 더 나올 거야. 너도 네가 가진 질문들을 잠시 생각해보렴. 노트에 그것들을 써두어도 좋아. 그리고 이 책을 마지막까지 읽고 난 다음에, 그 질문들에 대한 답을 얻게 되었는지 확인해보렴.

CHAPTER

너는 특별한 청소년이야 02

"제가 정상인가요?"

많은 청소년들이 던지는 질문이야. 사람은 누구나 쉽게 외로움을 느끼고 사람들 사이에서 이질감을 느껴. 그럼에도 오직 나만 내 몸에 대해, 내 가족에 대해, 나 자신에 대해 그렇게 느낀다고 생각하기 쉬워. 그 이유가 어쩌면 우리 몸에 일어나는 변화들 때문일 수 있어.

혹은 자신의 몸이 다른 아이들만큼 빨리 자라지 않기 때문일 수 있지. 아니면 자신의 몸이 다른 아이들보다 훨씬 더 빨리 자라는 것이 마음에 들지 않을 수도 있어. 어쩌면 성적인 생각이나 감정들이 점점 커져가는 것에 당황하며, 이런 생각들이 정상적인 것인지 궁금할 수도 있어. 이유가 무엇이든, 아마도 너는 네 친구들과 달라지는 것을 절대 바라지 않을 거야.

누구에게 말할 수 있을까?

자신에 대해 만족스럽지 못하거나 혼란스럽거나 슬픈 감정이 생길 때 이야기할 수 있는 친구가 있다는 것은 좋은 일이야. 예수님을 친구로 알고 있다면 더욱 좋은 일이지. 예수님은 "우리와 똑같이 시험을 받으신 이로되 죄는 없으시기" 때문에 "우리의 연약함을 동정하실" 수 있어(히 4:15). 이것은 성경에 나오는 말씀이며, 사실이지. 너도 그 사실을 알고 있을 거야. 예수님은 정말 우리의 감정을 아셔. 예수님도 이 세상에 아기로 태어나 성장하셨고, 십 대 시절을 겪으셨기 때문이지. 그렇기 때문에 우리는 예수님께 이야기할 수 있어.

그뿐만 아니라 예수님은 우리를 구원하신 분이야! 그분은 우리를 하늘에 계신 하나님 아버지의 자녀로 삼아주시기 위해 사셨고, 죽으셨고, 부활하셨어. 그분은 "아버지께서 친히 너희를 사랑하심이라"라는 말씀의 살아 있는 증거가 되시지(요 16:27). 너 자신이 사랑받고 있다고 느끼지 못할 때나 죄책감이나 불안, 또는 두려움을 느낄 때 이 사실을 기억하면 좋겠다.

 ## 하나님이 나를 세상의 누구와도 다르게 만드셨다고?

너를 사랑하시고 용서하시는 하나님은 바로 너를 만드신 하나님이셔. 다른 누구도, 심지어 일란성 쌍둥이라 하더라도 너와 똑같지 않아. 너는 특별해! 너는 다른 사람의 복사본이 아니야. 너는 어떤 사람과도 다르게 보고, 다르게 느끼고, 다르게 생각하지.

성장 속도도 달라. 갑자기 성장할 수도 있고, 일정한 속도로 꾸준히 성장할 수도 있어. 그러나 네가 어떻게 성장하든, 너를 만드신 하나님이 그렇게 진행되도록 하셨으니, 너에게 가장 알맞은 거야! 하나님이 너를 만드셨고, 하나님이 너를 사랑하신다는 것을 믿어도 좋아. 너는 하나님의 자녀야!

하나님은 너에게 몸과 영혼을, 눈과 귀와 팔과 다리를 주셨어. 그분은 너에게 마음과 감각을 주셨을 뿐 아니라 그것들을 보살펴주시지. 어떻게 보살펴주실까?

하나님은 네게 필요한 음식과 옷을 살 수 있도록 가족에게 재정을 주시고, 네가 잠을 잘 수 있는 집을 주시지. 너에게 새로운 것들을 가르쳐주실 선생님들을 허락하시고, 너의 몸과 마음을 건강하게 지킬 수 있는 방법들을 생각하고 선택할 수 있는 능력을 주시지. 이 모든 것 안에 하나님의 손길이 있어. 이것을 믿는다면 정말 좋은 일이야.

이처럼 하나님께서는 사람들과 자원들을 통해 네가 행복하고 건강하게 지내도록 해주셔. 너 자신이 행복하고 건강하다면, 너도 누군가의 아들이요, 형제요, 친구로서 다른 사람을 도와줄 수 있을 거야. 즉 너 자신의 몸과 마음을 보살피는 것은 동시에 다른 사람을 섬기도록 돕는 거야.

너 자신에게 다음의 질문들을 던져보렴. 이 질문들은 네가 계속해서 건강을 유지하여 하나님의 건실한 일꾼이 되도록 도와줄 거야.

건강을 지키기 위한 질문 리스트

1. 매일 밤 충분한 수면을 취하는가? 혹시 피곤하지 않고 상쾌한 일상을 위해 수면 시간을 조금 더 늘려야 할 필요는 없는가?

2. 영양가가 높고 몸의 성장을 돕는 음식을 먹고 있는가? 때로 너무 안 먹거나 너무 많이 먹지 않는가?

3. 자신을 청결하게 하고, 세균에 감염되지 않도록 매일 몸과 얼굴을 깨끗이 씻는가?

4. 건강한 방식으로 운동하여 몸을 돌보는가? 혹시 너무 많이 하거나 너무 적게 하는가?

5. 흡연이 내 몸을 건강하게 지키는 것이 아님을 잘 알고 있는가?

6. 술은 판단력을 흐려 옳지 않은 결정을 하게 만들 수 있다고 생각하는가?

음식, 운동, 청결 유지, 수면, 담배 피우지 않기, 술 마시지 않기, 학교 수업 착실히 잘 듣고 열심히 배우기 등. 이런 것들이 하나님이 네게 주신 몸을 건강하게 유지하도록 도와주지.

하나님은 이 모든 것을 통해 너를 보살펴주시고, 네가 부모님을 돕고, 친구들과 재미있게 지내고, 이웃의 일을 도와주고, 어린 동생에게 글 읽는 법을 가르쳐줄 수 있도록 준비시켜주시지. 이런 일들이 우리가 서로를 섬기는 방법이야. 건강한 사람이 되는 것은 이런 일들을 하도록 도와주는 거야!

이처럼 우리의 몸을 보살핌으로써 우리를 창조하신 하나님께 영광을 돌릴 수 있어. 바울은 편지를 통해 다른 그리스도인들을 이렇게 격려했지.

"너희 몸은 너희가 하나님께로부터 받은바 너희 가운데 계신 성령의 전인 줄을 알지 못하느냐 너희는 너희 자신의 것이 아니라 값으로 산 것이 되었으니 그런즉 너희 몸으로 하나님께 영광을 돌리라"(고전 6:19,20).

지금 얼굴에 여드름이 있더라도, 자신이 어설프고 서툴게 느껴지더라도, 외적인 모습이 어떠하든 간에, 너는 하나님의 것이고 하나님이 너를 사랑하신다는 것을 기억해. 그리고 다시 거울을 살짝 들여다봐. 나쁠 것도 없으니 어서 해봐! 그 속에서 익숙한 겉모습을 넘어, 하나님의 손길을 찾아봐. 조금 다르게 느껴지지 않니? 이제 너는 다른 사람을 섬길 준비가 되었어. 그것이 하나님이 너를 만드신 이유야.

그리스도인이 되면 뭐가 달라지는가?

너는 하나님께 선택받았어. 이 세상의 다른 사람들과 구별되었지. 너는 하나님의 자녀이며, 하나님의 가족의 일원으로서 하나님께 영광을 돌리는 삶을 살아야 해.

너는 다른 사람과 달라. 우리의 문화는 너의 정체성에 대해, 너의 몸과 성에 대해 혼란스러운 메시지들을 종종 전하지만, 하나님께서는 말씀 속에서 우리에게 가장 좋은 하나님의 뜻을 전해주셔. 하나님은 우리를 만드셨기 때문에 잘 아시지. 하나님은 우리를 사랑하시기 때문에 우리를 위해 무엇이든 하실 거라고 말씀하셔.

세상은 우리에게 한 번 사는 인생이니 '순간'을 위해 살라고 말할 거야. 세상은 네가 너의 몸으로 무엇을 하기 원하든, 그 원하는 것을 선택할 권한이 있다고 말할 거야. 하지만 그 덕분에 세상은 이런 이기적이고 죄악된 태도들이 가져온 결과들로 가득하지. 그것은 중독, 깨진 관계들, 계획하지 않은 임신, 그리고 고통이야.

너 혼자만 '그런' 저급한 영상이나 음악을 보거나 듣지 않는 것처럼 느낄지도 몰라. 또는 친구들이 놀릴까봐 걱정될지도 모르지. 하지만 친구들 사이에서 누군가가 부적절한 무언가를 보여줄 때, 불편함을 느끼는 사람이 너 혼자만은 아닐 거야. 네 생각에 찜찜하지 않은 건전한 활동들을 바쁘게 해봐. 친구들에게도 부적절한 영화를 보는 대신 다른 활동을 함께 해보자고 권해보렴.

우리가 그리스도인이라면, 우리 안에는 하나님의 영이 살고 계셔. 너는 하나님의 소중한 가족이야. 그러니 너의 몸으로 무엇을 할 것인지는 매우 중요한 일이야.

"너희는 너희 자신의 것이 아니라 값으로 산 것이 되었으니 그런즉 너희 몸으로 하나님께 영광을 돌리라"(고전 6:19,20).

이 말씀을 기억해. 과도한 술이나 담배, 약물 남용은 뇌세포를 영구적으로 손상시켜. 아주 약간의 술이나 마약이라도 그것은 우리의 생각을 방해하고, 앞으로도 오랫동안 후회할 나쁜 선택들을 하게 만들 수 있어.

흡연도 심각한 문제로 이어질 수 있어. 이를테면 폐암이나 구강암, 심장병 같은 것들 말이야. 담배를 피우는 사람에게서는 입 냄새가 나고 옷에서도 냄새가 나며 치아가 누렇게 변할 수 있어.

씹는 담배나 전자 담배 같은 다른 담배 제품들도 안전하지 않아. 그것들도 잇몸병이나 암 같은 여러 가지 병을 유발할 수 있어. 연기 없는 담배라고 해서 결코 안전한 것이 아니야. 심지어 중독성은 일반 담배보다 더 강하지.

🧑 그것이 중요한가? 어쨌든 내 몸이고 내 선택 아닌가?

네가 네 몸에 대해 한 선택들은 다른 사람들에게도 영향을 미쳐. 네가 담배를 피운다면 너와 한 집에 사는 가족들이나 주변 사람들이 네가 피우는 담배의 연기를 들이마심으로 신체적인 영향을 받게 될 거야. 이 간접흡연은 중이염, 폐나 호흡기의 문제, 천식 발작, 심지어 암을 유발할 수 있어. 술이나 담배나 유해 약물을 하는 엄마는 그렇지 않은 사람들보다 신체적, 정신적 문제를 가진 아이들을 낳게 될 확률이 훨씬 더 높아.

또한 술이나 약물을 남용하는 사람들은 종종 다른 사람들에게 해를 끼치는 사고를 일으키지. 술이나 약물에 취하면 비생산적인 삶을 살거나 낭비하게 되며, 관계를 파괴해. 불법적인 약물을 허용하거나 대수롭지 않게 여기는 문화는 다른 심각한 범죄들로 이어지지.

성령께서 하나님의 말씀을 통해 우리 안에 일하시면, 우리가 하는 선택으로 하나님을 영화롭게 할 수 있도록 능력을 주셔. 즉 우리가 몸으로 어떤 일을 할지, 우리 몸을 어떻게 보살필 것인지에 관한 선택 말이야. 성령님은 우리가 예수님을 위해 살도록 도와주시지. 예수님은 우리를 위해 사셨고, 죽으셨고, 다시 살아나서서 지금도 살고 계신 분이시거든!

그리스도인으로서 우리는 '순간'을 위해 사는 대신 '미래'를 바라볼 수 있어. 우리가 어떤 선택을 하면 어떤 일이 일어날 것인지 생각할 수 있지. 이 세상에서 그리스도인으로 사는 것은 힘겨운 일이야. 하지만 세상의 삶이 전부가 아님을 알기에 평안을 누릴 수 있어. 이 세상이 최고가 아니야. 천국에서 우리를 기다리고 있고, 성령을 통해 우리 안에서 역사하고 있는 그 기쁨은 우리의 머리로 상상할 수도 없는 것이지. 우리의 초점은 거기에 있어야 해.

- 지금 네가 속한 시기를 '청소년기'라고 부르지. 뭔가 어설픈 시기처럼 느껴지니? 하나님은 네가 왜 이런 변화들을 겪게 하시는 걸까?

- 너의 하루, 또는 한 주간을 돌아보렴. 오직 나 자신만 생각하고 있음을 보여주는 잘못된 선택들이 있었니? 또는 다른 사람들을 생각하거나 그들을 섬긴 일은? 예를 들면, 부모님이나 형제자매, 선생님, 친구들을 위해 했던 일들 말이야. 어떻게 하면 너의 행동 방식을 바꾸어 다른 사람들을 섬김으로써 하나님의 사랑을 나타내는 데 더 초점을 둘 수 있을까?

- 후회스러운 행동이나 선택이 있었니? 그렇다면 그리스도인인 네가 해야 할 일은 무엇이라고 생각하니? (힌트를 주자면, 하나님께 잘못했다고 말씀드리고 네가 용서받았다는 것을 기억하렴!)

성(性)이란 뭘까?

사람들은 '성'(sex)이라는 단어에 대해 매우 혼란을 느낄 수 있어. 그것은 '성별'을 뜻하거나 '성행위'를 의미할 수도 있어. *

기본적으로 성별, 즉 어떤 사람이 남성인지 여성인지는 그 사람이 가진 육체적 생식 기관과 염색체(DNA)에 의해 결정돼. 하지만 남성과 여성은 단지 육체적으로뿐만 아니라 여러 차이가 있어. 하나님은 잉태의 순간부터 너를 남자로 만드셨어.

우리는 많은 용어들을 막연하게, 서로 바꾸어 써도 괜찮은 의미로 사용해. 하지만 때로는 이것이 혼란을 낳기도 해. 예를 들면, 어떤 사람들은 성(sex)과 성역할(gender)을 마치 같은 의미를 가진 용어인 것처럼 사용해. 하지만 이것은 사실이 아니야.

성(sex)은 남성 혹은 여성이라는 생물학적 사실을 지칭하는 방식이야. 성역할(gender)은 종종 한 사람이 자신의 성에 대해 어떻게 느끼는지를 가리켜. 즉 자아 인식과 관련된 용어라고 할 수 있지. 네가 어디를 가든

TIP

✱ 저자는 하나님이 만드신 성과 다른 개념들을 대조하면서 하나님이 만드신 성의 크고 풍성함을 강조하고 있어. 그 과정에 사용하는 단어들(성행위, 성역할 등)은 그 자체를 가르치기 위함이 아니라, 생물학적 성(sex)을 강조하기 위해 대조군으로 사용한 거야.

성(sex) : 생물학적 성으로 하나님이 지으신 남자, 여자를 가리킬 때 사용해.

성역할(gender) : 사회학적 성으로 맡겨진 역할과 활동으로 구분하는 개념이야. 전통적으로 성(sex)과 대립하는 개념으로 쓰였지. 이 개념이 발전하면 동성애와 주어진 성을 초월한 다른 여타의 성, 혹은 성을 바꿀 수 있다는 데까지 생각이 발전할 가능성이 있기 때문에 조심해야 하는 용어야. 저자는 학교에서 이 개념을 듣고 배웠다면 다시 성경적 관점으로 하나님이 지으신 성과 비교하여 정리해줄 목적으로 '성'과 '성역할'을 비교하고 있는 거야. 저자는 '성역할'의 개념에 하나님이 만드신 '성'의 의미를 다 담을 수도 없고, 설명할 수도 없다고 말하고 있어.

성행위(intercourse) : 성(sex)을 행위 차원으로 축소하고 왜곡하여 인식하게 할 수 있는 위험성을 지적하고 있어. 하나님이 만드신 성(sex)은 성행위를 포함한 보다 복합적이고 신비한 거야.

생물학적인 성의 차이점은 변함이 없지만, 성별에 따른 역할, 행위, 속성들은 문화에 따라 달라질 수 있어. 다시 말해서, 각 문화 속에서 남성과 여성에게 적합하다고 믿는 것은 그룹마다 또는 사회마다 다를 수 있다는 거야.

이것을 더 혼란스럽게 만드는 것은, 오늘날 문화에서는 기본적인 남녀의 성적 차이를 좋아하지 않고, 여러 가지 새로운 성별들을 만들어내려고 애쓰는 사람들이 있다는 거야. 어떤 사람들은 7개의 성별이 있다고 말하고, 또 어떤 사람들은 56개가 있다고 말해. 그러나 성별이 사람들이 자신을 어떻게 인식하는지에 따라 정해지는 것이라면, 사람들은 이에 대해서도 혼란스러워할 수 있어. 만일 어떤 여자가 스스로 남자라고 믿는다면, 우리는 그가 '성정체성 장애'를 가지고 있다고 생각할 거야. 그것은 심리적 상태일 뿐이야.

이런 상태를 묘사하는 용어가 '트랜스젠더'(transgender)야. 이것은 어떤 사람이 자신의 생물학적인 성과 실제의 자신을 동일시하지 않는다는 뜻이야. 그럼에도 오늘날의 사회는 트랜스젠더 상태를 장애로 여기는 것이 아니라, 그가 자신에 대해 어떻게 생각하든 그 사람의 생각대로 인정해주는 방향으로 가고 있어.

트랜스젠더들이 자신을 표현하는 몇 가지 방식들이 있는데, 그 방식에 따라 그들을 구별하여 부르기도 해. 성전환자(transsexual person)는 원래 가지고 있는 자신의 성이 아닌 다른 성을 가진 사람처럼 보이려 하고, 그렇게 옷을 입고 행동하려고 해. 예를 들면, 남성으로 태어난 사람이 자신을 여성과 동일시하는 거야. 그는 가지고 태어난 생물학적 생식기를 제거하고 다른 성의 생식기를 만드는 수술을 받기도 해.

게이란 무슨 뜻일까?

의상도착자(transvestites) 또는 이성의 옷을 입는 사람들은 대개 하나님이 그들을 창조하실 때 주신 성을 인정하면서도 일반적으로 이성이 입는 옷을 입고 싶어 해.

성별이 없는 것처럼 보이는 사람들, 즉 명확하게 남성적(masculine)이거나 여성적(feminine)인 특성들을 가지고 있지 않은 사람들(중성적이라고도 해, androgynous)이나 생물학적 성에 불응하는 사람들이 모두 트랜스젠더는 아니야.

동성애(Homosexuality)는 같은 성의 사람들에게 성적으로 끌리는 것을 의미해. 동성애자는 남자에게 끌리는 남자와 여자에게 끌리는 여자를 포함해. 동성애자를 종종 '게이'라고 부르는데, 여자 동성애자들은 '레즈비언'이라고도 불러. 이성애자들은 다른 성에게 성적으로 이끌려. 즉 성적으로 여자에게 끌리는 남자나 남자에게 끌리는 여자를 말하지.

🧑 마음에 끌리는 대로 행동하면 안 되는 거야?

이성에게 마음이 끌리는 것은 남자와 여자가 연합하게 하기 위한 하나님의 계획의 일부분이야. 하지만 세상은 그렇지 않다고 말해. 세상은 이렇게 속삭이지.

"누군가에게 마음이 끌린다면 그 사람과 성관계를 가져도 괜찮아."

이것은 사실이 아니야. 하나님의 계획은 성행위를 결혼생활 안에 두셨어. 하나님이 이렇게 하신 이유는 남은 인생 동안 나만을 사랑하고 지지

해주기로 약속할 배우자를 주시고, 또 우리가 자녀들을 가질 수 있도록 해주시는 것이 그분의 선하신 뜻이기 때문이야. 이런 결혼생활 속에서 우리는 자녀들을 사랑하고 보살필 거야. 이것이 하나님의 계획이지.

마음이 끌린다고 해서 꼭 그 마음에 따라 성적 행동을 해야 하는 것은 아니야. 이는 결혼한 남자가 아내 외의 여자에게 매력을 느낄 때 그 이끌림에 따라 행동해야 하는 것이 아닌 것과 마찬가지지. 또한 네가 한 여자에게 성적인 관심이 생겼다고 해서 그녀와 성적인 행위를 해야 한다는 것을 의미하지 않아.

이 시대의 문화는 사람들에게, 특히 젊은 사람들에게 이렇게 말해. 만일 누군가 동성에게 매력을 느낀다면 그 마음에 따라 행동해야 할 뿐 아니라 반드시 게이가 되어야 한다고 말야. 불행히도 이것이 많은 사람들에게 해를 끼쳤어.

한 연구 결과에 따르면, 청소년의 25퍼센트가 성장기의 어느 시점에서 자신의 성에 대해 혼란을 느끼거나 의문을 갖는다고 해. 그러나 성인이 된 후 자신이 게이나 레즈비언이라고 밝히는 사람은 2,3퍼센트에 불과하지. 여기에 큰 차이가 존재해.

너는 지금 엄청난 변화들을 겪고 있어. 이 과정을 지나는 동안 겪는 혼란은 정상적인 거야. 그런 이유 때문에 너의 신앙과 어긋나거나 혹은 하나님이 너를 남자로 만드셨다는 생물학적 사실과 반대되는 선택을 해야 하는 것은 아니야.

왜 어떤 사람들은 게이가 되었을까?

학자들은 동성애의 명확한 '원인'에 대해서는 일치된 의견을 보이지 못하지만, 유전학과 어린 시절의 환경적 요인들 사이에 복잡한 상호작용이 있다는 사실에는 대체로 동의해. *

 TIP

* 동성애는 유전이 되나요?

동성애는 유전되지 않아. 어떤 사람들은 1993년 딘 해머가 '동성애 유전자'를 발견했다는 연구보고를 근거로 동성애를 만드는 유전자를 찾았다고 주장해. 그러나 많은 연구를 통해 딘 해머가 지목했던 Xq28유전자는 동성애와 상관 없음이 증명되었으며, 2005년 딘 해머가 참여한 무스탄스키 연구팀 결과도 동일한 것으로 알려졌어.

사람마다 다른 것 같아도 동성에게 매력을 느끼는 사람들 사이에는 몇 가지 공통점이 있다는 거야. 여기에는 동성의 부모에게 느끼는 거리감이나 어린 시절의 성적 학대 경험 등이 포함되지. 대다수의 게이와 레즈비언들은 자신의 성적 경향에 대한 선택권이 자신에게 없었다고 생각해.

다만, 그리스도인들은 하나님의 말씀에 의지해 동성애를 바라볼 뿐이야. 우리는 성경을 통해, 하나님이 사람을 남자와 여자로 만드셨음을 알 수 있어. 성경이 죄악된 성적 행위에 대해 이야기하긴 하지만, '이성애자'나 '동성애자' 같은 용어들을 찾아볼 수는 없어. 즉 말씀은 동성애적 행위가 하나님이 그분의 자녀들에게 원하시는 것이 아님을 분명히 하고 있지.

하나님은 아담과 하와를 만드셨을 때 그들을 서로 다르게, 즉 남자와 여자로 만드시고 서로 연합하게 하셨어. 이것은 우리의 생식 기관들에 대해 하나님이 가지고 계신 계획의 한 부분이기도 해. 또한 하나님은 남자와 여자가 서로 결혼하게 하셔서 그들이 서로를 지지하고 돕게 하셨고, 한 가정을 이룸으로 그 안에서 자녀들이 태어나게 하셨어. 아이가 포함된 동성애적 관계는 자연히 그 아이들에게 어머니나 아버지를 주지 않아. 그것은 하나님의 계획에 분명히 어긋나는 일이야.

진짜 요점은 이거야. 사람들이 부부관계 외에 남녀 간에 성관계를 가질 때마다 그들은 하나님의 뜻을 어기는 거야. 대부분의 사람들은 결혼하기 전에 성적인 이끌림을 경험하지. 거기에는 동성에 대한 이끌림도 포함돼. 그러나 그리스도인들은 예수 그리스도에 대한 믿음 때문에 그런 마음의 끌림에 따라 행동하지 않아. 결혼을 하지 않았거나 동성에게 매력을 느끼는 사람들은 평생 동안 이런 유혹과 싸울 거야. 그러나 그리스도인들은 어려움에도 불구하고 하나님을 경외하기로 선택했지.

 게이인 사람을 어떻게 대해야 하지?

우리 중 누구도 사람의 외모만 보고 동성애적 성향을 판단할 수 없다는 것을 기억해야 해. 때로는 혐오나 의심 때문에 동성애자라고 오해받는 사람들도 있어. 십 대들은 자신의 성적 정체성에 대해 혼란을 느끼기도 해. 너를 비롯해서 이 시대의 청소년들은 좋아하는 사람과 성관계를 갖는 것은 전혀 문제가 없다고 말하는 문화 속에 살면서, 많은 메시지들을 보고 듣지.

너는 많은 신체적 변화들을 겪고 있을 거야. 때로는 자신의 모든 감정을 분류하는 게 어려울지도 몰라. 유치원 때부터 같이 놀던 동성 친구와 함께 있는 것을 정말로 즐거워한다고 해서 네가 게이인 것은 아니야. 또한 남자아이들이 일반적으로 좋아하지 않는 활동들을 즐긴다고 해서 네가 남자답지 못하거나 여자들에게 매력을 느끼지 않는 것도 아니야. 운동을 잘 못하는 남자아이들도 많아. 역사를 훑어보면 예술적이고 창의적인 남자아이들도 많았다는 것을 알게 될 거야.

그럼에도 너에게 문제가 있다고 느낀다면 부모님이나 목사님, 또는 믿을 만하고 성숙한 그리스도인 어른과 상의할 수 있어. 그들은 너의 이야기를 들어줄 뿐만 아니라 하나님이 너를 남자로 아주 훌륭하게 만드셨고, 네가 청년으로 자라고 있으며, 하나님은 그런 너를 사랑하신다는 것을 알려줄 거야.

가장 중요한 사실은, 그리스도께서 모든 죄인들을 용서하기 위해 죽으셨고 다시 살아나셨다는 거야. '모든 사람'이 여기에 포함돼! 동성애와 씨름하는 사람들이나 이성에게 마음이 끌리는 사람들 역시 모두 포함되지. 이런 의미에서 우리는 동성애로 고민하는 사람들을 다른 사람과 동일하게 대해야 해. 그들도 그리스도께서 구원하기 원하시는 자들이지. 다만, 동성애를 느끼는 사람이 그런 성적 관계를 갖기로 선택한다면 그들은 하나님께 불순종하기로 선택하는 거야. 또 이성에게 마음이 끌리는 사람이 결혼생활 밖에서 성적인 관계를 갖기로 선택한다면 그들 역시 하나님께 불순종하는 거야. 그리스도인으로서 우리는 어떤 죄악된 선택도 용인하지 않지만, 우리 역시 죄인이기 때문에 여전히 모두에게 사랑을 보여주어야 해.

하나님은 그분의 말씀 속에서 무엇이 잘못된 것인지를 명백히 보여주시며, 그리스도 안에서 죄 사함을 받는다는 사실도 분명하게 말씀하고 계셔. 동성애자와 이성애자 모두 악한 정욕의 죄를 범할 수 있지. 하지만 하나님은 모든 사람에게 회개를 명하셨어. 즉 죄를 자백하고 부끄럽게 여기며, 예수님이 주시는 용서를 받아들이고, 죄에서 돌이켜 우리 안에서 일하시는 성령의 능력을 통해 경건한 삶을 살라고 하시는 거야. 용서를 구하는 사람은 누구나 온전히 용서를 받아. 오직 예수님 안에 있는 하나님의 사랑과 그분이 주시는 능력만이 유혹을 뿌리치고 용서와 그리스도인의 사랑으로 나아갈 힘을 줄 수 있어.

우리는 그들에게 죄와 죄의 힘에 대해 더 알 수 있도록 하나님의 말씀을 읽어보라고 권유해볼 수 있어. 그리스도께서 우리를 사랑하시기 때문에 우리를 위해 죽으셨다는 복음을 모든 친구들에게 나누렴. 너는 판단하거나 인색하게 굴 필요가 없어. 다만 그들을 섬기고, 그들이 하나님의 말씀으로 돌아와 도움과 지혜를 얻도록 초청해. 하나님의 말씀은 모든 죄인들에게 "구원을 주시는 하나님의 능력"이야(롬 1:16).

남성과 여성이 있다는 것은 경이로운 일이야. 남성과 여성 모두 인간이
지만, 성에 따라 뚜렷한 특징을 갖고 있어. 하나님께서 그렇게 되기를 원
하셨지. 이 차이점들은 하나의 성이 다른 성보다 더 좋다는 의미가 아니
야. 그것은 단지 하나님이 성적인 특성과 신체 기관을 가진 남자와 여자
를 만드셨다는 뜻이야. 우리는 이 좋은 설계에 대해 기뻐하며 하나님께
감사할 수 있어.

　그러나 그리스도인에게 성은 단지 신체적인 부분과 설계 그 이상의 것
들을 포함해. 그것은 우리가 하나님의 좋은 선물인 신체의 각 부분들에
대해 어떻게 느끼고 사용하느냐 하는 거야. 우리 몸의 모든 부분이 다
좋고 우리에게 유익하다고 하지만, 실제로 우리는 몸의 어떤 부분들을
더 귀한 것으로 이해하고 더 특별하게 보살피지(고전 12:23 참조).

　어떤 아이가 몸의 각 부분들의 올바른 명칭들을 잘 알고 있다고 해도,
그 명칭들을 언제 어디에서 사용해야 하는지를 배워야 해. 많은 사람들
이 저속한 이야기나 농담을 할 때 음경이나 음부를 의미하는 별칭들을
사용해. 그렇다고 이런 부분들이 더러운 게 아니야. 하나님이 만드신 것
인데 어떻게 더러울 수 있겠어? 잘못은 신체의 한 부분을 남용하고 오용
하는 데 있는 거야.

　우리가 우리 몸에 대해 하나님께 감사하는 것은, 지금 우리를 이루는
모든 것에 대해 감사하는 것을 포함해. 즉 눈과 귀뿐만 아니라 음부에

대해서도 감사하는 거야.

하나님이 처음 사람을 창조하셨을 때, 하나님은 사람을 완전하게 만드셨어. 그것은 사람의 몸, 즉 몸의 모든 부분이 완전했다는 뜻이야. 하나님은 그분이 창조하신 만물을 보시며 "좋았더라"라고 직접 말씀하셨어. 그러나 사람을 만드셨을 때는 "심히 좋았더라"라고 말씀하셨지(창 1:31 참조).

잠시 네 손을 살펴봐. 손가락을 천천히 폈다가 오므려봐. 그 손이 마음의 명령에 따라 즉각적이고 단순하게, 얼마나 정확하게 움직이는지 보렴. 어떤 기계가 인간의 손처럼 그렇게 부드러우면서 강할 수 있을까? 손으로 할 수 있는 놀라운 일들을 떠올려봐. 농구공을 드리블하거나 키보드를 치는 것 같은 일들 말이야. 심장 수술을 할 때 능숙하게 기구들을 다루는 의사의 손이나 아기의 얼굴을 부드럽게 쓰다듬는 엄마의 손을 떠올려봐.

또 우리의 눈을 생각해봐. 사람의 눈은 카메라보다 훨씬 훌륭해. 우리의 눈은 컬러와 움직임을 보고, 희미한 빛이나 밝은 햇빛에 적응하며, 자동적으로 초점을 맞추고, 필름이 없이도 물체의 상을 즉시 볼 수 있게 하지. 다음 장에서 살펴보겠지만, 우리의 생식 기관들도 손이나 눈만큼 경이롭게 만들어졌어. 하나님께서 친히 "그 원하시는 대로 지체를 각각 몸에 두셨기" 때문이야(고전 12:18).

남성의 신체는 하나님께서 주신 아주 중요한 선물이야. 하나님은 그분의 목적을 위해 너를 그렇게 만드셨어. 그 목적은 다른 사람들을 사랑하고 섬기는 거야. 네가 남자이기 때문에 하나님께 받은 특별한 선물들이 있어. 너는 아빠가 될 수 있지. 힘이 세지고, 키가 커질 거야. 이처럼 하나님께서는 여자와 남자를 각각 다르게 만드셨어. 하지만 서로 다르다고 어느 한 성이 다른 성보다 우월하거나 열등한 건 아니야. 여자와 남자는 모두 하나님의 형상을 닮은 최고의 작품이야.

지금 네가 보내는 시간들은 기도와 하나님과 함께하는 경건의 시간과 개인 성경공부가 반드시 필요한 시기야. 질문하고 배우고 성장하는 이 시간 동안 하나님의 말씀이 너를 강하게 하고 격려해줄 거야.

성인이 되어 가는 과정에서 신체적 변화보다 더 중요한 것은 성령께서 인도하실 때 경험하게 될 책임감과 성실함, 성숙한 의사 결정, 지혜의 성장이야. 부모님과 함께 이 중요한 특성들 하나하나에 관해 이야기를 나눠보렴. 너의 아버지나 다른 그리스도인 남자 어른이 너에게 도움이 되는 멘토링을 해줄 수 있을 거야. 하나님의 은혜와 그분의 말씀을 통해 하나님의 소중한 자녀인 너의 믿음은 몸이 자라는 것과 더불어 계속 함께 성장할 거야.

너는 하나님의 선물이야. 하나님은 네가 다른 사람과 하나님께 복이 되도록 만드셨어. 하나님을 믿는 그리스도인이 된다는 것은 도전이자 기쁨이야. 하나님은 처음부터 네가 하나님의 피조물들을 보살피고 양육하도록 설계하셨어. 다른 사람들을 돌보도록 지음 받았지.

너는 다른 사람들을 섬기기 위해 너의 은사와 경험들을 사용하며 자부심과 기쁨을 느낄 수 있을 거야. 심지어 자신의 욕망이나 안락함을 희생하게 되더라도 말이야. 희생 없이 성취에 도달할 수 있는 경우는 거의 없단다.

가장 큰 성취는 하나님의 아들이면서 인간이셨던 예수님에 의해 이루어졌어. 그분은 하나님의 뜻에 온전히 복종하며 사셨고, 우리의 죄 사함과 구원을 이루기 위해 죽으셨으며, 다시 살아나서서 그분의 승리의 능력을 입증하셨지. 예수님은 진정한 우리의 영웅이시며, 궁극적인 모델이셔. 예수님은 우리의 구원을 이루기 위해 자신을 희생하셨어.

더 생각해보기

- 만일 네가 다른 사람을 조롱한다면 하나님이 목숨 바쳐 사랑하신 하나님의 창조물을 향해 네가 뭐라고 말하고 있는 것이 될까?

- 예수님이 모든 죄인을 위해 죽으셨고 우리 모두를 사랑하신다는 사실이 우리를 어떻게 변화시킬 수 있을까? 다른 사람을 섬기는 것에 대해 어떻게 생각할 수 있지? 너를 섬기는 사람들은 누구이고, 또 네가 섬기는 사람들은 누가 있을까? 어떻게 섬기고 있는지 생각해보자.

CHAPTER

남자와 여자는 달라 04

남자와 여자는 달라. 최근 심리학자들의 연구는 아주 어린 남자 아기들과 여자 아기들도 서로 다르다는 것을 보여줘. 예를 들면, 여자 아기는 남자 아기들보다 부모의 목소리와 얼굴에 더 빨리 반응해. 남자 아기는 방 전체를 훑어본 후에야 가까이 있는 대상을 알아보는 일이 더 많단다. 평균적으로 낮에는 성인 남자가 여자보다 더 잘 보지만, 밤에는 여자가 더 잘 봐. 그러나 이런 것은 일반적인 차이점들로, 이것으로 특정 남자나 여자가 낮에 더 잘 볼 수 있는지를 예측할 수 있는 건 아니야. 사실 남자와 여자가 태어날 때부터 가지고 있는 차이점들은 그렇게 크지 않아.

🧑 남자와 여자는 어떤 면에서 다르지?

하나님은 남자와 여자를 다르게 만드셨지만, 그 차이점들은 남자와 여자를 분리하기 위해서가 아니라 그들을 연합시키기 위해 설계된 거야.

남자와 여자는 서로를 보완하도록 만들어졌기 때문에 다른 사람과 관계를 맺는 방식이나 소통하는 방식, 사랑하는 방식이 서로 달라. 일반적으로 여자는 남자보다 자신의 감정에 대해 이야기하고 나누는 것을 더 편안하게 여겨. 여자는 감정을 사용해 다른 사람들과 관계를 맺으며 발전시켜나가지. 남자는 어떤 활동을 통해서 소통하고 관계를 형성하는 경향이 더 강해.

남자와 여자의 가장 분명한 차이점은 신체적인 부분이야. 그러나 신체적인 차이가 다른 부분들까지 제한하게 해서는 안 돼.

보통 남자아이는 성인 남성으로 자라면서 남성적인 특성을 갖게 되고, 또 여자아이는 성인 여성으로 자라면서 여성적인 특성을 갖게 될 것이라고 예상하지. 하지만 우리가 모든 남자는 이러해야 하고, 모든 여자는 저러해야 한다고 규정해버리면 일부 개인들이 하나님께 받은 좋은 은사와 재능들을 사용하지 못하게 막게 될 수도 있어. 예를 들어보자.

- 에바는 14세의 탁월한 여자 운동선수야. 하지만 에바는 야구팀에 들어가는 데 어려움을 겪고 있어. 야구는 남자아이만 하는 것이 맞는 걸까?
- 하비에르는 요리하는 걸 좋아해. 하지만 하비에르의 형은 요리가 '여자가 하는 일'이라고 말해. 요리는 여자만 하는 일이 맞을까?
- 엘레나는 아빠 차 정비하는 것을 좋아해. 어떤 사람들은 엘레나의 취미가 그다지 여성스럽지 않다고 생각해. 정비사는 남자만의 일일까?

남자를 위한 하나님의 계획이 있다는 것을 생각하면, 그럼에도 우리 각 사람이 독특하다는 사실이 정말 놀라워! 아무도 너와 같지 않아. 일반적으로는 겉모습만 봐도 어떤 사람이 남자인지 여자인지 알 수 있지. 하지만 우리 각 사람은 여전히 다르며, 그것은 너무 아름다운 일이야! 하나님은 모든 사람에게 각종 은사를 주셔서 하나님을 섬기고 다른 사람들을 섬기는 데 사용하도록 하셨어. 하나님이 너에게 주신 은사들은 어떤 것들이 있지? 어떻게 하면 인류를 위한 하나님의 계획을 존중하면서 그 은사들을 사용할 수 있을까?

사도 바울은 디모데에게 보내는 편지에서 젊은 남자와 여자의 행동에 대한 하나님의 뜻을 설명하고 있어. 남자는 "분노와 다툼이 없이 거룩한 손을 들어 기도"해야 하며(딤전 2:8), "의와 경건과 믿음과 사랑과 인내와 온유를 따르며 믿음의 선한 싸움을 싸우라 영생을 취하라 이를 위하여 네가 부르심을 받았고 많은 증인 앞에서 선한 증언을 하였도다"(딤전 6:11,12)라고 했어. 여자를 향한 하나님의 계획은 "단정하게 옷을 입으며 소박함과 정절로써 자기를 단장하고 땋은 머리와 금이나 진주나 값진 옷으로 하지 말고 오직 선행으로" 하는 거야(딤전 2:9,10). 우리가 다른 사람을 가르치거나 소통할 때는 우리에게 "누구든지 네 연소함을 업신여기지 못하게 하고 오직 말과 행실과 사랑과 믿음과 정절에 있어서 믿는 자에게 본이 되라"라고 권면해(딤전 4:12).

하나님의 자녀가 된 우리는 남자와 여자의 차이점을 존중하고 인정해야 해. 동시에 서로 비슷한 점들도 존중하고 인정하며, 절대 서로를 비하하거나 깎아내리거나 무시해서는 안 돼.

너는 앞으로 몇 년 내에 네 인생을 어떻게 보낼지 결정하게 될 거야. 하나님은 그때를 위해 너를 준비시키려고 지금 네 삶 속에서 일하고 계시며, 계속해서 너를 경건하게 훈련시키고 계셔(딤전 4:7). 네 삶의 모든 것이 하나님의 계획 안에서 협력하고 있어. 미래의 교회 지도자로서, 그리스도인 남편으로서 기도를 통해 절제를 연습하고, 분노를 제어하며, 모든 사람 특히 여자들을 존중하고 부드럽게 대하며 하나님의 뜻을 추구하렴. 네가 어떤 진로를 선택하든 간에 이런 경건한 특성들이 다른 사람들을 섬기고 또 네가 섬기는 사람들에게 존경을 받도록 도와줄 거야.

하나님의 자녀로서 너를 향한 하나님의 뜻에 비추어 너의 흥미와 능력들을 정직하게 살펴보렴. 너를 위해 죽으시고 다시 살아나신 주님을 위해 살 수 있도록 성령의 능력을 구하렴. 너의 삶에는 목적이 있어. 그것은 네가 받은 것을 다른 사람들을 섬기는 일에 사용하는 거야. 그것이 하나님의 계획이지. 지금 한 소년으로서, 또 후에는 한 청년으로서 무엇을 하든 간에 "마음을 다하여 주께 하듯" 하렴(골 3:23).

- 남자와 여자는 어떤 면에서 서로 다르지?

- 하나님이 너에게 주신 특별한 은사가 있어? 그 은사는 어떤 것들이 지? (잘 모르겠으면 엄마나 아빠에게 물어봐. 부모님은 아실 거야!)

- 다른 사람들을 섬기기 위해 너에게 주어진 은사들을 지금 어떻게 사용 할 수 있을까? 네가 어른이 되었을 때는 또 어떻게 사용할 수 있을까?

성(性)은 비밀이어야 할까? 05

대부분의 사람들은 성(性)에 대해 이야기하는 걸 좋아하지 않아. 너도 그렇지 않니? 아빠나 할아버지나 삼촌과 성에 관한 이야기를 나눠보려고 시도해본 적이 있어? 많은 사람들이 성에 대한 이야기를 하지 않아. 그런 이야기는 사람들을 불편하게 만들지. 재미있지 않니? 성에 관한 표현들은 우리가 보는 TV, 영화, 쇼핑몰, 인터넷, 소셜 미디어, 음악, 학교 등 어디에나 있는데 말이야.

🧑 성에 대해 누구와 어떻게 이야기해야 할까?

네가 하고 싶은 질문들을 아빠(혹은 삼촌이나 신뢰할 만한 어른 남자)에게 물어보면서 대화를 시작하면 상황을 좀 더 쉽게 만들 수 있을지도 몰라. 물론 질문하는 것이 쉽지는 않지. 네 아빠는 아직 적절한 때가 아니라고 생각할지도 몰라. 하지만 너에겐 물어보고 싶은 질문들이 있을 거고, 친구들이나 인터넷에서 얻는 답변들에 혼란을 느낄 수 있어.

부모님에게 묻고 싶은 질문들의 목록을 작성해봐. 그리고 아무것에도 방해받지 않는 시간에 그 질문들을 해. 한꺼번에 모든 질문들을 쏟아놓지는 마. 하나씩 질문해보고, 서먹한 분위기가 좀 바뀌는지 살펴봐. 네가 성장하고 있고 부모님과 성숙한 대화를 나누기 원한다는 것을 부모님께 보여줄 실제적인 기회가 온 거야. 그것은 가족 간의 대화의 질을 향상시키고 온 가족이 함께 성장하도록 돕는 좋은 방법이야.

부모님에게서만 정보를 얻을 수 있는 것은 아니야. 아마 네가 좋아하고 너의 질문을 기꺼이 들어줄 다른 어른들, 예를 들면 목사님이나 상담가나 선생님이나 또는 친척이 있을지도 몰라. 때로는 친구들이 도움이 될 수 있겠지만 친구들은 종종 성에 대해 너보다 더 많이 알지 못해. 성에 대해 자유롭게 이야기하는 것처럼 보이는 친구들도 아마 사실보다는 '상상'을 더 많이 이야기할 거야. 네가 알고 싶은 것은 '사실'인데 말이야.

분명 학교에서는 성에 대한 이야기를 많이 해. 그러나 많은 이야기들이 성을 나쁜 것으로 만들어. 어떤 사람들은 자신의 쑥스러움이나 정보의 부족, 성에 대한 잘못된 인식을 감추기 위해 속어나 저속한 농담, 모멸적인 웃음을 사용해. 음악과 미디어에도 성에 대한 이야기가 많이 나오지만, 그 역시도 오해를 더 크게 만들 뿐이야. 그런 활동은 하나님의 놀라운 선물의 가치를 떨어뜨리고 많은 사람들이 가지고 있는 오해를 더 증폭시키지.

 내가 정말로 죄책감을 느낀다면 어떻게 해야 하지?

젊은이들은 때때로 자신이 잘못이라고 알고 있는 방식으로 성적인 행동을 하거나 성에 대한 생각을 하곤 해. 그들은 죄책감을 느끼며 자신이 잘못했다는 것을 알지. 그 결과 자신의 생각이나 행동을 후회하며 심한 죄책감을 느낄 수 있어.

성에 대한 죄책감은 하나님의 법에 순종하지 못했음을 인식하는 데서와. 너의 부모님은 하나님이 무엇을 옳고 그르다고 말씀하시는지를 네게 가르쳐왔을 거야. 그것은 부모님이 너를 보살피는 방식의 일부야. 하지만 부모님이 굳이 말하지 않아도, 너는 스스로 네가 성적인 행동을 하거나 성적인 이미지를 보기에 너무 어리다는 것을 알고 있어.

점차 남자로 성장하면서 너는 예전 같으면 절대 하지 않았을 잘못된 일들을 하고 싶다는 유혹을 느끼거나 때로는 실제로 행동에 옮길 거야. 그중 일부는 성과 관련이 있을 것이고. 쉽게 말해서, 보지 말아야 한다고 알고 있던 사진들을 보거나 호기심에 혹은 친구들의 이야기를 듣고 인터넷에서 성에 관한 이미지들이나 영상을 찾아보는 거야. 이런 행동들도 아마 너를 낙담하게 할 거야.

이런 감정들은 다른 잘못에 대한 죄책감과 마찬가지로 우리의 목적에 도움이 돼. 하지만 그리스도인에게 중요한 사실은 심판자이신 하나님이 또한 용서하시는 하나님이시라는 거야. 성부 하나님이 성자 하나님을 보내서서 우리의 모든 죄를 위해 죽게 하셨지. 우리는 예수님의 부활과 함께 죄의 힘을 이기게 되었어. 죄책감을 느끼면 우리는 도움을 구하게 될 거야. 예수님이 우리를 도와주시고 우리의 죄를 용서해주시는 것에 대해 하나님께 감사하렴. 너를 향한 하나님의 말씀을 믿어.

"네 죄 사함을 받았느니라 … 평안히 가라"(눅 7:48, 50).

예수님은 "다시는 죄를 범하지 말라"(요 8:11)라고 말씀하셨지만, 너는 네가 다시 죄를 범할 거라는 사실을 알아. 우리 모두 그래. 그렇다고 죄를 지어도 괜찮다는 뜻은 아니야.

하나님은 너를 용서하실 때 네가 새로운 삶을 살 수 있는 능력도 주셔. 이것은 성령의 특별한 사역이지. 하나님의 말씀을 통해 성령이 너를 강하게 하셔서 죄의 유혹을 이기게 해주시는 거야. 너는 성경을 읽고, 교회에 가고, 교회에서 성찬을 받을 준비를 시작할 수 있어. 성령은 또한 네가 잘못을 범할 때 하나님과 다른 사람들에게 죄를 자백하고 회개할 힘을 주셔. 그리고 무엇보다도 그리스도께서 너를 위해 죽으셨고, 너의 모든 죄에 대한 값을 치르셨기 때문에 네가 이미 죄 사함을 받았다는 확신을 주시지. 이것을 알면 너는 그리스도로 인해 완전히 자유로운 새 삶을 살 수 있어! 다른 사람들을 섬기고 죄를 멀리함으로써 감사하며 하나님을 섬길 수 있는 거야.

성적 학대와 관련하여 내가 알아야 할 것은?

자신의 쾌락을 위해 '성'이라는 하나님의 선물을 왜곡해서 육체적으로나 감정적으로 다른 사람에게 상처를 주는 사람들이 있어. 이들로 인해 성이 오명을 뒤집어쓰기도 하지.

성적 학대는 어떤 사람이 성적인 쾌락을 얻기 위해 다른 사람, 주로 어린아이에게 힘과 권위를 행사할 때 일어나. 학대자는 피해 아이보다 더 큰 아이거나 성인일 거야. 성적 학대자는 아이에게 (성적인 방식으로) 신체 접촉을 하거나 아이에게 자신을 만지게 하고, 심지어는 아이와 성관계를 갖기도 해. 성적 학대는 어떤 경우든 가해자의 잘못이야. 절대 어린아이나 피해자의 잘못이 아니야.

이런 학대를 받는 아이들이 많지는 않지만, 모든 아이들이 조심해야 해. 어떤 사람이 너를 불편하게 하는 말이나 행동을 한다면 당장 부모님이나 믿을 만한 어른에게 이야기하는 것이 중요해. 어떤 것도 마음속에 묻어두지 말아야 해!

대부분의 경우, 학대 당한 아이는 자기를 학대한 사람을 알고 있어. 그런 면에서 네가 알아야 할 중요한 사실과 따라야 할 원칙들이 있어.

- 가해자들은 종종 인터넷을 통해 피해자들에 대해 알게 된다는 것을 기억해.
- 절대 인터넷에서 너의 이름과 주소, 또는 너에 대한 다른 정보를 누군가에게 알려주지 말아야 해.
- 온라인에서만 소통하고 직접 본 적이 없는 사람은 절대 개인적으로 만나지 말아야 해.

다른 사람을 성적으로 이용하는 사람들은 죄를 짓는 거야. 혹시라도 주변에서 이런 일이 벌어지고 있다는 사실을 알게 된다면 당장 부모님께 말씀드려야 해. 이런 짓을 저지르는 사람을 신고하여 범죄를 막고 필요한 도움을 받게 하실 거야.

하나님이 너를 그분의 자녀가 되도록 만드셨다는 것을 기억해. 어떤 일이 일어나도 너를 향한 주님의 사랑은 바꿀 수 없어. 그렇기 때문에 너 또한 너 자신을 사랑하고 존중할 수 있어. 그리고 다른 사람들에게도 너를 존중해달라고 요구할 수 있지.

성행위와 성별(네가 남자라고 하는)은 하나님께서 주신 귀한 선물이야. 그것은 매우 존중받아야 하고, 하나님께 영광을 돌리는 방식으로 대해져야 해. 우리 몸이 성령의 전이기 때문이야(고전 6:19). 성령께서 네 안에 거하고 계신단다.

구약성경을 보면, 구약시대 때 하나님은 그분의 백성과 함께 있기 위해 장막이나 성전 안에 거하셨어. 그 안에는 지성소라고 불리는 매우 특별한 곳이 있었지. 오직 대제사장만이, 그것도 일 년에 한 번만 지성소에 들어갈 수 있었어. 그 거룩한 곳에서, 제사장은 한 해 동안 범한 모든 백성의 죄를 대속하기 위해 하나님의 속죄소에 제물을 바쳤어. 특별한 장소, 제사장의 특별한 역할, 특별한 제물은 모두 예수 그리스도를 가리키고 있었지. 예수님의 특별한 사역과 십자가에서 바치신 특별한 제물 말이야. 예수님은 모든 사람의 모든 죄를 영원히 대속하신 대제사장이자 희생제물이셨어! 예수님이 십자가 위에서 "다 이루었다"라고 말씀하셨을 때, 그 의미는 더 이상 성전에서 대제사장이 해마다 드리는 제사가 필요하지 않다는 뜻이었어. 예수님이 그 모든 것을 다 하셨어!

예수님이 이 땅을 떠나 하늘로 올라가셨을 때, 예수님은 자신이 백성에게 가르치신 모든 내용과 그분이 이루신 모든 일을 떠올리게 하기 위해 한 가지 선물을 주셨어. 그 특별한 선물은 '보혜사'라고 불리는 성령 하나님이셔. 하나님께서는 이제 더 이상 오직 한 사람만이 일 년에 한 번 들어갈 수 있는 특별한 장소 안에 계시지 않아. 성령 하나님은 바로 네 안에 계셔! 네가 바로 그 특별한 장소, 즉 성소인 거야.

성령이 우리 안에 거하고 계심을 아는 것이 얼마나 특별한 선물이며, 우리 안에 계신 그분의 거룩한 임재를 공경하는 것이 얼마나 특별한 영광인지 몰라. 성령은 하나님의 말씀을 통해 우리에게 오셔. 하나님의 말씀은 세례를 하나님으로부터 오는 매우 특별한 선물로 만드는 능력이야. 세례를 받을 때 말씀과 물이 결합하지. 세례를 받을 때 우리는 성령과 죄 사함과 영생을 받아.

그런데 성령이 우리 안에 거하시는데도 우리는 여전히 죄를 지어. 그리고 그 죄는 죄책감을 낳지. 우리는 그 죄책감을 하나님의 선물로 여겨야 해. 어떻게 그럴 수 있냐고? 죄에 대해 부끄러움을 느끼는 것은 성령이 네 안에서 역사하고 계시다는 증거이기 때문이야. 물론 하나님께서는 네가 그 죄책감 속에 계속 머물러 있기를 원하지 않으셔. 빨리 죄를 뉘우치고, 회개하고, 하나님의 용서를 받기 원하신단다.

이런 방법으로 하나님의 성령께서 너를 도와주시고, 매일 하나님과의 올바른 관계 속에 머물게 해주시는 거야. 이것은 우리 안에 거하시는 성령으로 인해 우리에게 주어지는 하나님의 풍성한 은혜이지. 즉 성령이 언제나 우리와 함께 계시고, 언제나 우리를 도우시며, 언제나 우리를 용서하시고, 언제나 그분의 새 성전(우리의 몸) 안에서 우리를 위해 기도해주서!

너의 몸의 어떤 부분에 관해 질문이 생긴다면, 꼭 예수님을 믿는 사람들을 찾아 답을 구하렴. 그리스도께서 이루신 죄 사함과 우리와 함께 계시는 성령의 임재를 믿는 그들은 너의 질문에 대한 답을 알고 있단다. 그들은 너와 기꺼이 대화를 나누려 할 것이며, 성적인 용어와 태도를 존중하고, 너를 지금의 너로 만드신 하나님께 감사할 거야.

더 생각해보기

- 너는 사람들이 왜 성에 대해 이야기하는 것을 좋아하지 않는다고 생각해? 너는 누구와 성에 대한 대화를 나눌 수 있을까?

- 누군가 너에게 성적으로 접촉했을 때 왜 믿을 만한 어른에게 알려야 할까?

- 어떻게 하나님의 선물인 성을 특별하게 대하는 선택과 행동으로 성령을 공경할 수 있다는 것일까? 이런 일을 행할 수 있도록 힘을 주시는 분은 누구시지?

CHAPTER

새로운 나로 변하고 있어! 06

지금까지 입던 옷들이 더 이상 맞지 않을 때, 너는 뭔가 달라졌다는 것을 알았을 거야. 또는 평평한 바닥을 걷는데 발을 헛디뎌 넘어지는 일이 많을 때, 우울하거나 낙심하는 순간들이 많아졌을 때 알았을 거야. 굳이 이 책을 보지 않더라도 넌 알고 있을 거야. 네가 변하고 있다는 사실을 말이야. 너는 그것을 항상 보고, 느끼고, 감지하고 있어.

이렇듯 어린아이에서 어른으로 변해가는 시기를 '청소년기'라고 해. 이 시기는 삶에서 꼭 필요한 시간이야. 사춘기는 이 청소년기의 첫 단계를 뜻하지. 즉 사람이 처음 신체적으로 생식을 할 수 있게 되는 때야.

어른이 되는 여행은 흥미롭기도 하지만, 너와 주변 사람들 모두에게 좌절감을 주기도 할 거야. 주로 네 안에서 일어나는 변화들과 그 변화들에 대한 너의 걱정 때문이지.

기쁨과 좌절감 모두 청소년기의 일부분이므로, 이 시기를 하나님과 너를 사랑하는 이들에게 더 가까이 다가갈 기회로 여기렴. 그들은 네가 이 어려운 시기를 헤쳐나가도록 도와줄 수 있어.

 어떻게 하면 걱정을 멈출 수 있을까?

너의 몸은 변하고 있고, 너의 성격도 마찬가지야. 여러 일들이 이전보다 더 크게 다가오고, 어떤 일을 결정할 때 네 의견이 더 많이 반영되길 바라지. 자신의 힘으로 새로운 아이디어들을 시험하거나 새로운 일들을 시도해보기 원해. 그것은 모두 성장의 일부분이야.

때로는 서로 다른 두 방향으로 끌리는 것을 느낄 거야. 어떤 때는 어른의 자유를 누리고 싶고, 어떤 때는 어린아이의 보호를 받고 싶고 말야.

이 시기에는 자신의 감정을 인식하는 것이 매우 중요해. 매일 밤 자신의 생각들을 기록하면서 위로를 얻을 수도 있어. 자신의 감정을 다스리려 할 때, 기도는 너에게 특별한 시간이 될 거야. 예수님은 "모든 지각에 뛰어난 하나님의 평강"을 주셔(빌 4:7). 즉 네가 상상하는 것 이상의 침착함과 만족감을 주신단다.

하늘에 계신 사랑하는 아버지께서 너의 걱정과 짐들을 다 아시며, 너의 필요를 아시고 채워주시지.

"너희에게는 머리털까지 다 세신 바 되었나니"(마 10:30).

네가 할 수 있는 최선은 네가 누구인지를 기억하는 거야. 하나님이 너를 만드셨고, 아기 때부터 청소년이 되고 어른이 되기까지 성장의 모든 단계에서 너의 필요를 채워주셔. 예수님, 곧 너의 구세주께서는 항상 너

를 사랑하고 용서하시며 인도하시고 너의 인생길에 늘 함께할 것을 약
속하신단다. 청소년기를 자신이 누구인지 발견하고, 자신만의 스타일
을 만들어가며, 자신의 성격을 인식하고, 자신에게 주어진 몸을 귀하게
여기는 시간으로 활용해. 하나님 안에서 참된 네가 되렴!

나는 누구지? 어떤 사람이 되길 원하지?

네가 누구인지 알려면 주변 사람들을 둘러보렴. 네가 닮고 싶은 모습을
가진 몇 사람과 그렇지 않은 많은 사람을 볼 수 있을 거야. 그들을 보며
자신의 행동을 만들어가되, 그 과정에서 자신을 잃어버려선 안 돼. 영웅
이나 롤모델로 삼을 만한 사람들은 모두 훌륭하지만, 너는 너야! 또한
미래의 너는 다른 사람이 아니라 바로 너의 내면에서부터 시작될 거야.

내가 누구인지, 무엇을 갖고 있는지, 어떻게 보이는지에 따라 인기가
달라질 거라고 생각하기 쉽지. 그러나 인기는 내가 다른 사람들을 어떻
게 대하는지, 그들에게 어떤 태도를 보이는지에 따라 달라질 때가 더 많
다는 걸 곧 알게 될 거야. 다른 사람들 역시 중요하다는 것을 기억하면
서 너 자신이 되어야 해!

하나님은 너에게 많은 것을 주셨어. 네가 그 은사들을 얼마나 잘 사
용하는지, 또 그것들을 얼마나 감사하며 받아들이는지에 따라 너의 행
복이 좌우될 거야. 하나님이 너에게 주신 것, 너의 몸과 경험들로 행복해
할 때 가장 큰 만족을 느낄 거야. 네가 가진 것을 최대한 활용하는 것은

아주 유쾌한 일이야. 하나님은 네게 가장 좋은 것이 무엇인지 알고 계시다는 것을 믿고 또 하나님의 모든 축복에 감사하도록 성령께서 너를 도와주셔. 네가 취할 가장 좋은 것은 긍정적인 태도야!

나의 몸은 변하고 있다

인생에는 매우 급속도로 성장하는 시기가 있어. 이것을 '급성장기'라고 불러. 너는 이미 급성장을 시작했는지도 몰라. 아니면 아직 기다리고 있을 수도 있지. 그 시기가 아직 오지 않았더라도 언젠가 올 테니 걱정할 필요는 없어. 다리가 길어지는 것을 날마다 눈으로 확인할 수 있고, 아침에 맞았던 옷이 저녁에는 작아지는 일들을 경험할 수도 있어.

대부분의 여자아이들은 만 9~12세 사이에 이 단계에 접어들지. 남자아이들은 대체로 더 늦게, 대부분 만 11~14세 사이에 시작돼. 그렇기 때문에 초등학교 고학년 때나 중학교 때 여자아이들이 남자아이들보다 큰 것은 전혀 드문 일이 아니야.

남자아이들과 여자아이들이 서로를 의식하기 시작할 때 이런 상황이 벌어지면 약간 당황스럽거나 불편할 수 있지만, 대체로 15세가 되면 남자아이들이 성장을 따라잡고 대부분의 여자아이들보다 더 커져.

이 시기의 청소년들은 자신의 키와 체중에 대해 더 많이 의식하게 될 거
야. 어떤 청소년들은 키와 체중을 자주 재면서 남들과 비교하겠지만, 걱
정할 필요는 없어. 다른 친구들만큼 빨리 자라는 것 같지 않을 때, 또는
너무 빨리 자라는 것 같을 때도 걱정하지 않아도 돼. 성장 속도의 차이는
일반적이고 정상적인 거야. 하나님이 너의 성장을 주관하고 계셔. 우리는
하나님께서 너와 각 사람에게 가장 좋은 것이 무엇인지 알고 계시다는
사실을 믿을 수 있단다. 하나님은 너를 만드셨고, 모든 것을 알고 계셔!

정확하게 자신이 원하는 체격을 가진 남자아이들은 거의 없어. 어떤 아
이들은 아버지보다 크지만, 모두가 그렇지는 않아. 너는 반에서 가장 클
수도, 어쩌면 가장 작을 수도 있어. 네가 원하는 것보다 더 뚱뚱하거나
말랐을 수 있지.

대부분의 남자아이들은 14,15세까지 1년에 5.5~9킬로그램 정도 체중
이 늘어나고 그 후로는 1년에 2.5~3.5킬로그램 정도 늘 거야. 대부분의
여자아이들은 15세 즈음에 1년에 2~2.5킬로그램 정도 늘어나고 그 후
로는 2.5~3.5킬로그램씩 늘어날 거야. 여기에는 유전적인 요인이 아주
많지만, 무엇을 어떻게 먹는지와도 관련이 있어. 손과 발이 제일 먼저 자
라고, 그다음에 팔과 다리, 그리고 신체의 나머지 부분들이 자랄 거야.

때로는 몸이 너무 빨리 자라서 힘줄과 인대가 더 팽팽해질 거야. 힘줄
은 근육과 뼈를 연결하고 인대는 뼈와 뼈를, 또는 연골과 뼈를 연결하

지. 어떤 사람들은 이 팽팽함과 통증을 성장통이라고 불러. 성장통을 완화하는 한 가지 방법은 운동 전후에 반드시 스트레칭을 하는 거야.

이처럼 성장할 때 키와 체중과 성장 속도에 차이가 나는 것이 정상이야. 그것은 좋은 거야. 모든 사람이 정확히 똑같은 속도로 성숙하고, 정확히 똑같은 크기와 모양으로 자라는 세상을 상상해봐. 얼마나 지루할까! 하나님께서는 각 사람을 독특하게 만드실 때 자신이 무엇을 하고 계신지 아셨어.

모든 사람이 덩크슛을 할 수 있거나, 혹은 아무도 할 수 없다면 농구는 어떻게 될까? 키가 큰 선수들 사이에서 재빠르게 움직이는 작은 가드(guard)들이 없다면 그 스포츠는 어떻게 되겠니? 혹은 모두가 선수여서 경기를 보러 오는 사람들이 없어진다면 어떻게 될까?

누구에게나 적합한 장소가 있고, 적합한 역할이 있어. 너에게도 운동선수, 음악가, 작가, 컴퓨터 전문가, 예술가, 혹은 또 다른 영역에서 뛰어난 부분이 있을 거야. 너에게 가장 잘 맞는 것을 발견할 때까지 모든 것을 시도해봐!

그다음엔 그것을 받아들이고, 그 역할 안에서 네가 할 수 있는 최선을 다해. 우리는 자신에게 없는 은사와 재능을 부러워하고 가지고 싶어 하는 대신, 하나님이 우리에게 주신 은사를 활용하여 다른 사람을 섬김으로 기쁨을 누릴 수 있어.

사춘기와 청소년기에 가장 관심을 갖게 되는 부분은 바로 외모일 거야. 몸의 다른 부분이 자라고 있는 것처럼 너의 얼굴은 변하고 있어. 입, 코, 턱 모두 어린이보다 어른의 모습에 더 가까워지기 시작하는 거지. 초등학생 때 사진들과 지금 거울 속의 모습을 비교해보면 다른 점들이 보일 거야.

거울을 볼 때마다 자신의 몸에 만족하는 사람은 거의 없을 거야. 아령을 들거나 운동을 하는 데 많은 시간을 보낼지도 모르지. 그것이 효과가 있을 수도 있지만, 그저 너의 몸이 더 자라기를 기다려야 할 때도 있어.

얼굴에 여드름이나 뾰루지 같은 것들이 나서 외모에 영향을 미치는 시기를 보낼 수도 있어. 여드름은 피부의 과도 증식, 막힌 모공, 유분의 분비, 박테리아로 인해 생길 수 있고, 남자아이들은 등에 여드름이 나기 쉬워. 청결을 유지하고 일반적인 방법으로 여드름이 없어지지 않는다면 의사와 상담해봐.

성장할 때 여드름이 나는 것은 웃긴 일이 아니라 일반적으로 일어나는 일이야. 사람들은 너의 여드름에 그다지 신경 쓰지 않아. 다행인 것은, 여드름은 대개 18세나 19세가 되면 없어진다는 거야.

이 시기에는 몸에서 나는 냄새에도 변화가 생겨. 청소년기에 이르면 땀샘에서 화학물질을 내보내기 시작하는데, 그것이 땀 냄새를 더 강하게 만들 수 있기 때문이야. 몸에서 나는 냄새는 피부의 땀과 박테리아 때문에 생기는 것이니, 매일 샤워를 하고 운동 후에는 옷을 갈아입는 게 좋아. 또 신발이나 운동 기구들은 환기가 되는 곳에서 말려야 해. 냄새 제거제나 땀 억제제를 사용하는 것도 도움이 될 거야.

땀으로 인한 냄새 외에 입 냄새에도 신경이 쓰일 거야. 입 냄새는 대부분 치아와 잇몸을 제대로 관리하지 않을 때 생기므로, 칫솔질을 할 때 혀도 닦고 주기적으로 치실을 사용하고 구강청결제를 사용하는 것도 좋아. 담배를 피우지 않는 것은 당연히 입 냄새를 막는 데 좋아.

이렇게 하나님이 주신 몸을 관리하지만, 그렇다고 외모에 너무 집착하지는 마. 하나님은 살아 있는 모든 것들을 돌보셔. 하지만 예수님은 우리가 새나 꽃보다 훨씬 더 하나님께 중요한 존재라는 사실을 가르쳐 주셨지.

"목숨을 위하여 무엇을 먹을까 무엇을 마실까 몸을 위하여 무엇을 입을까 염려하지 말라 ⋯ 몸이 의복보다 중하지 아니하냐 ⋯ 그러므로 내일 일을 위하여 염려하지 말라 내일 일은 내일이 염려할 것이요 한 날의 괴로움은 그날로 족하니라"(마 6:25,34).

성적으로 성장함

뇌하수체는 뇌의 아랫부분에 위치하며, 우리 몸에서 일어나는 대부분

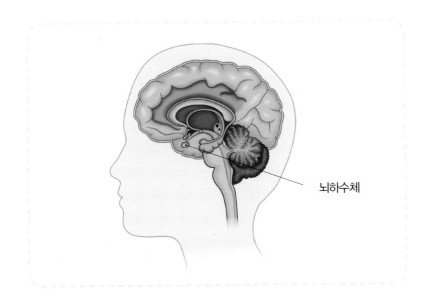

뇌하수체

의 성장 변화들을 조절해. 이 뇌하수체가 생식샘의 성장에 관여하게 되면 대체로 성장 속도가 느려지면서 성적 성숙이 이루어져. 생식샘에서는 테스토스테론 같은 호르몬이 분비되는데, 그것은 몸 안에서 많은 변화들을 일으키지. 이 변화들 가운데 가장 명백한 것은 남성과 여성을 구별 짓는 변화들이야.

보통 11~17세 사이에 신체적 변화들을 감지하게 될 거야. 가슴과 어깨가 더 넓어지고, 겨드랑이와 가슴, 얼굴, 생식기 주변에 털이 자랄 거야. 목소리도 달라져. 14,15세 정도에 변성기가 시작되면 성대가 성장을 마칠 때까지 예고 없이 목소리가 갈라지기도 해. 16세가 되면 면도를 시작해야 할 수도 있어.

여자아이들이 2차 성징이 시작하여 여자로 변할 때는 엉덩이가 넓어지고 가슴이 봉긋해지기 시작해. 어쩌면 9,10세 정도의 이른 나이에 시작될 거야. 겨드랑이와 다리, 생식기 주변에 털이 자라기 시작하고, 목소리도 성숙하게 변하지.

이런 변화들은 사람마다 다른 시기에, 다른 방식으로 나타나. 또래들보다 빨리 성숙할 수도 있고, 멈춰 있는 것처럼 보일 수도 있어. 그러나 아직 눈에 보이거나 느낄 만한 변화가 없다고 해도 너는 변하고 있어.

🧑 어른이 된다고 생각할 때 가장 기대되는 것은?

어쩌면 이런 신체적 변화들 때문에 당혹스러울 수도 있어. 쑥스럽다는 것은 네가 네 몸의 변화에 적절한 관심을 기울이고 있다는 건강하고 정상적인 반응일 수 있어. 하나님은 그분의 백성이 성적 순결과 단정함의 문제에 관심을 갖기 바라시지.

순결함은 하나님의 선물인 성을 학대하거나 무례하게 대하지 않는 것과 관련이 있어. 단정함은 하나님의 선물인 성을 존중하고 사적인 영역을 사적인 영역으로 지키며, 성적으로 남의 시선을 끌지 않는 것과 관련이 있어.

단정하고, 성적으로 순결하라? 이런 말은 친구들이나 우리가 속한 문화에서 들을 수 있는 메시지가 아니야. 그렇기 때문에 경건하게 성장하는 데 어려움을 겪곤 하지. 우리는 남들과 다른 모습으로 관심을 끌고 싫어 하지 않기 때문이야. 그러나 단정함과 순결을 위해 노력하는 모습은 친구들에게 뭔가 다른 모습을 보여줄 기회가 되지. 이런 모습은 정말이지 문화에 역행하는 거야. 만일 우리가 야한 옷을 입고 성적으로 활발한 활동을 해도 괜찮다고 말하는 문화 속에 살고 있다면, 그 문화와 다른 것은 반문화적인 것이 되고 말지.

성경은 하나님의 자녀인 우리를 '부름 받은 자들'이라고 말해. 이 말은, 하나님께서는 그분을 알지 못하거나 공경하지 않는 문화와 구별되도록 우리를 부르신다는 뜻이야. 구별됨으로써 우리는 모든 사람들에게 하나님의 사랑과 부르심의 산 증인이 되는 거야. 하나님은 그리스도 안에서 모든 사람을 부르셔. 많은 사람들이 그저 듣기를 거부할 뿐이지. 단정함과 순결함은 복음 전도의 단순한 행위들이야.

때로 우리는 우리 자신과 주변에서 일어나는 변화들에 대해 좌절감을 느끼거나 다른 사람들이 내 기분과 감정을 이해하지 못하는 것처럼 느껴지는 순간들이 있을 거야. 친구들과 부모님이 받아들이지 못하더라도, 하나님은 이해하셔. 하나님은 너를 위한 계획을 가지고 계시고, 그분의 인내심은 결코 줄어들지 않아. 하나님은 보고 계시며 다스리고 계시지. 너와 다른 사람들이 다 변할 때도 하나님의 사랑은 계속된단다.

이런 생각과 감정들은 특별하거나 비정상적인 것이 아니야. 그것은 성장의 한 부분이며, 성장하는 몸에 적응하는 법을 배워가는 자연스러운 과정이야. 이 감정들 중에 어떤 것은 너에게 확신이 필요하다는 것을 알려주고, 또 다른 것은 정보가 필요하다는 걸 보여준단다.

이 책의 후반부에서는 이 두 가지를 다 알려줄 거야. 책을 읽고 토론할 때 1장을 읽으면서 기록해두었던 질문들을 다시 검토하거나 추가하면 도움이 될 거야. 지금의 경험들을 공감해줄 수 있는 친한 친구와 그 질문들을 공유할 수도 있고, 혼자서 간직한 채 뒷장들을 계속 읽어도 좋아.

더 생각해보기

- 나의 삶과 주변 사람들의 삶 속에서 변화들을 직면할 때 우리는 하나님과 그분의 사랑에 대해 무엇을 알게 될까?

- 단정하고 순결한 사람이 되는 것이 왜 중요하지?

꼭 기억해

- 너 자신이 낯설게 느껴질 수 있어. 무슨 일이 일어나고 있는 건지 확실히 모를 수도 있어.
- 친구들과 대화할 때, 다 또래라 하더라도 특히 너와 성장 속도와 단계가 다를 경우 쑥스럽게 느껴질 수도 있어.
- 네가 몇몇 친구들만큼 성장하지 않았다면 위화감을 느낄지도 몰라.
- 너 자신에게도 너의 감정들에 대해 솔직하기 어려울 수 있어.
- 다른 사람들이 너에게 기대하는 것에 따라가야 하고, 네가 원치 않을 때에도 다른 사람처럼 보이고 행동해야 한다는 압박감을 느낄 수 있어.
- 전보다 더 혼자 있고 싶어 하는 자신을 발견할지 몰라.
- 여자아이들에 대한 생각을 많이 하고, 심지어 성에 대한 꿈을 꾸거나 공상을 하고 있을 수도 있어. 그리고 이런 생각들과 거기에 따르는 감정들로 인해 죄책감을 느낄 수 있어.

이 단계를 지나고 있다면, 다음과 같은 사실을 꼭 기억해야 해!

- 하나님은 너를 사랑하시며 너를 지금의 모습으로 만드셨어. 네가 다른 사람들과 그들의 몸을 존중할 수 있으려면 먼저 너 자신과 너의 몸을 존중할 줄 알아야 해.
- 너의 부모님과 다른 어른들 모두 청소년기를 지나갔고, 너도 그럴 거야.

소년이 남자로 자랄 때 07

너는 사춘기라고 하는, 너를 위한 하나님 계획의 독특한 한 부분을 경험하고 있거나 곧 경험하게 될 거야. 사춘기는 청소년기 동안 육체적으로 성숙하고 소년에서 성인 남자로 변하는 시기야. 이 시기에 들어서면 성숙한 남성으로서 생각하고, 자신을 표현하며, 일하고, 놀고, 사람들과 어울리기 시작할 거야. 한 남자로서 다른 사람들, 즉 다른 남자와 다른 여자들과 관계를 맺을 거야. 사춘기가 지나면 너는 신체적으로 아버지가 될 수 있어. 이 변화가 일어나고 있다는 조짐들을 아직 보지 못했다 해도 염려하지 마. 곧 보게 될 거야.

너는 자신의 몸에서 일어나는 변화에 대해 관심도 많고 궁금한 점들도 많을 거야. 이 책을 시작하면서 적었던 질문 목록에 다음 질문들도 포함되어 있니?

• 음경의 크기는 어느 정도가 적당할까?

- '몽정'을 하는 것은 잘못인가?
- 내가 성적인 호기심을 느끼는 것은 무엇 때문이지?

이런 질문들은 정상적이고, 자연스러우며, 꼭 필요한 것이기도 해. 남자아이들은 사춘기에 접어드는 나이가 다양해. 어느 14세짜리 아이는 아직 얼굴에 수염이 날 조짐도 없는데, 같은 나이의 다른 아이는 키가 180센티미터가 넘고 벌써 수염이 났을 수도 있어. 이 시기 남자아이들의 키가 30센티미터씩 차이가 나는 것은 드문 일이 아니야. 남자아이들은 대체로 여자아이들보다 1,2년 늦게, 10~15세 사이에 사춘기에 접어들어.

남자의 생식 기관에서 가장 중요한 두 부분은 고환과 음경이야. 고환은 정자를 생산하는데, 정자는 난자를 수정시키는 남성 세포야. 고환은 호르몬도 분비하는데, 그 호르몬은 사춘기 남자아이들의 목소리가 더 굵어지게 하고 몸에 털이 자라게 해. 두 개의 고환은 음경 뒤, 음낭이라고 하는 주머니 안에 있어.

정자 세포를 생성하기 위해, 고환은 체온보다 조금 낮은 온도를 유지해야 하며, 그 온도는 늘 같아야 해. 그렇지 않으면 이미 생성된 정자 세포들이 죽기 때문이야. 하나님은 이런 필요들을 보살피기 위해 음낭과 고환을 어떻게 설계하셨을까?

하나님은 고환을 몸 밖에 두셨고, 바깥 온도가 더 차가워지면 음낭이 저절로 수축하여 고환을 몸 가까이 끌어당기도록 설계하셨어. 또한 몸에서 열이 나면 음낭이 이완되어 고환이 따뜻한 골반에서 더 멀어질

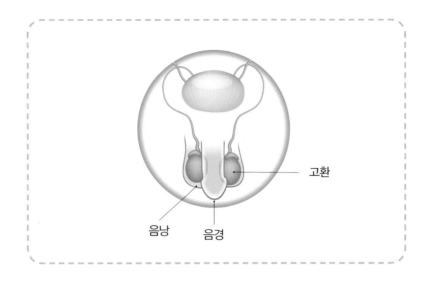

고환

음낭   음경

거야. 몸의 움직임 때문에 두 다리가 서로 붙을 때 두 고환이 서로 손상 시키지 않도록, 하나님은 음낭 안에서 한쪽 고환이 다른 쪽 고환보다 더 낮게 달려 있게 만드셨어. 음낭과 고환은 정말로 놀라운 하나님의 작품이야!

내 음경의 크기는 적당한 걸까?

음경은 큰 혈관들로 가득한 해면조직으로 만들어졌는데, 그것은 고환 앞에, 두 다리 사이에 있어. 크기는 사람마다 차이가 크단다. 음경의 크기는 성관계를 하거나 아빠가 되는 남자의 능력과 아무 상관이 없어.

태어날 때 음경의 끝부분은 부분적으로 포피라는 헐거운 피부로 덮여 있어. 어떤 아이들은 출생 직후에 포경 수술이라고 하는 간단한 수술로 이 피부를 제거하기도 해. 포경 수술을 하는 이유는, 포피가 너무 꽉 조이기 때문에 하는 의학적인 이유이거나 위생적인 이유 때문이야. 어떤 사람들은 포경 수술을 하는 것이 음경을 청결하게 유지하는 데 더 도움이 된다고 생각하거든.

요도는 음경의 가운데를 통과하며, 그 요도를 통해 정자 세포와 소변이 몸 밖으로 나가. 요도는 소변을 저장하는 방광까지 연결되어 있어.

정자와 소변이 요도를 통해 지나간다면 그 둘은 동시에 나올 수도 있는 걸까? 그렇지 않아. 하나님은 정자와 소변을 분리시키는 놀라운 구조로 설계하셨어. 요도의 상단에는 밸브가 있는데, 소변이 나갈 때는 이 밸브가 열리고 정액이 요도를 통해 나갈 때는 꼭 잠겨서 소변이 방광에서 나오지 못하게 한단다.

정자는 각각의 고환에서 생성되어서 몸속의 얇은 관들을 통해 올라가는데, 각각의 고환에서 나온 이 관들은 방광 아래에 있는 전립선과 연결되어 있어. 전립선은 정자가 헤엄치는 희끄무레한 액체를 생산하지. 정자와 이 액체를 정액이라고 불러.

🧑 발기와 몽정은 뭐지?

음경의 발기는 음경 안의 혈관들이 팽창하여 더 많은 혈액을 음경 안으로 끌어들일 때 일어나는 거야. 혈관 속의 판막이 혈액을 계속 압박해서 스펀지 같은 음경 벽이 팽창하고 단단해지는 거야. 아기들과 어린 소년들도 발기를 경험하지만, 소년이 사춘기에 접어든 후에는 더 자주 일어나.

때로는 신체적인 이유로 발기가 일어나지. 이를테면 소변을 봐야 할 때야. 꽉 끼는 옷도 발기를 일으킬 수 있어. 그러나 가장 흔한 이유는 성적 흥분이야. 성관계를 할 때처럼 발기된 음경을 움직이거나 압력을 가하면 결국 사정을 하게 될 거야.

사정은 음경에서 정액이 분출되는 것을 말하는데, 그 양은 1~3티스푼 정도야. 정자는 그 액체의 아주 작은 부분일 뿐이지만, 한번 사정된 정액 안에는 정자가 3억 마리 정도 들어 있을 수 있고, 각각의 정자는 하나의 난자와 수정할 수 있어.

사춘기에 접어든 남자아이는 때때로 밤에 사정을 경험하고는 걱정되고 속상한 마음으로 일어나곤 해. 이것을 몽정이라고 하는데, 이는 정상적인 것으로 단순히 몸에서 과도하게 생성된 정액을 제거하는 역할을 하지. 대부분의 남자아이들은 13~16세 정도에 처음 몽정을 경험해. 어떤 아이들은 몽정을 많이 하고 어떤 아이들은 거의 하지 않아. 그 경험은 자연스러운 것이니 비정상적이거나 해로운 것으로 여기지 말아야 해.

진정한 남자가 된다는 것의 의미가 뭘까?

너는 훌륭한 몸을 가지고 있어. 그 사실에 대해 알게 될수록 하나님이

87

너에게 주신 것에 더 감사하게 될 거야. 여자와 마찬가지로, 너는 새 생명을 탄생시킬 잠재력을 갖고 있지. 그것은 놀라운 선물이야. 아버지가 됨으로써 큰 자부심과 더불어 책임감이 생기게 될 것이기 때문이지.

네가 자녀들을 갖게 될지는 너와 아내, 그리고 하나님께 달린 일이겠지만, 아버지가 되는 일은 남자가 되는 것의 한 부분에 불과해. 더 중요한 것은 다른 사람들과의 관계 속에서 네가 남자라는 사실을 어떻게 이용하거나 제어하느냐 하는 거야. 몸이 새 생명을 창조할 준비를 하기 시작하더라도, 네 또래의 남자아이들은 아직 감정적으로나 영적으로 아버지가 될 준비를 갖추지 못했어.

하나님은 남편과 아내의 결합을 위해 성을 계획하셨어. 남편과 아내는 육체적으로뿐만 아니라 영적으로 또 감정적으로 결합하지. 성은 단지 순간의 좋은 느낌을 위해 하나님이 주신 것이 아니야. 성관계를 가질 때 너는 다른 사람과 친밀하게 너의 몸을 함께 나누는 것이고, 그 사람에 대한 헌신과 연합을 보여주는 것이며, 네가 한 남편이자 아버지로서의 책임을 짊어질 준비가 되었다고 약속하는 거야.

성경은 남편과 아내의 관계가 어떠해야 하는지를 보여준다. 예수님은 신랑이시고 교회(모든 그리스도인)는 신부이지. 남편으로서 너의 사랑은 자기를 희생하는 것이어야 해.

남자들은 아내를 자기 목숨과 같이 사랑하며 아내를 위해서 희생할 줄도 알아야 해. 아내들은 교회가 예수님을 공경하고 존중하듯이 남편을 공경하고 존중해야 하지. 하나님은 결코 교회를 떠나지 않겠다고 약

속하셨어. 남편으로서 너는 평생 동안 아내에게 충실해야 해. 결혼생활
은 특별한 우정과 신뢰와 함께 만들어진단다.

남자가 '사랑의 삶'을 산다는 것은 사회와 가정 안에서 영적인 리더가
되는 것을 포함해. 그들에게는 자녀들을 "주의 교훈과 훈계로"(엡 6:4)
양육할 책임이 있어. 첫 사람, 아담의 첫 번째 죄로 인해 하나님의 계획이
훼손되었어. 그러나 우리는 인간의 아들이면서 또한 참 하나님이신 예수
님을 통해 우리를 향한 하나님의 계획을 누리게 되었지.

로마서 5장 19절은 "한 사람이 순종하지 아니함으로 많은 사람이 죄인 된 것같이 한 사람이 순종하심으로 많은 사람이 의인이 되리라"라고 말해. 예수님은 하나님의 뜻에 온전히 순종하며 사셨고, 우리의 죄사함과 구원을 위해 죽으셨으며, 그분의 승리의 능력을 보여주시기 위해 다시 살아나셨어. 그분은 우리의 구원을 이루기 위해 자신을 희생하셨지. 말씀과 성례를 통해 예수님은 그분을 따르는 자들이 "그리스도께서 우리를 사랑하신 것같이 사랑 가운데서 행할" 수 있게 해주신단다. 우리를 사랑하셔서 "우리를 위하여 자신을 버리사 향기로운 제물과 희생제물로 하나님께 드리셨던" 예수님처럼 말이야(엡 5:2).

또한 예수님은 "모든 선한 일에 너희를 온전하게 하사 자기 뜻을 행하게 하시고 그 앞에 즐거운 것을 예수 그리스도로 말미암아 우리 가운데서 이루시기를" 약속하셨어(히 13:21). 예수님은 너에게 섬길 수 있는 힘을 주셔!

- '강한 남자'라고 하면 어떤 특성들이 떠오르니? 너는 어떤 남자를 존경해? 리더십이 강한 남자? 아니면 약자를 보호하는 남자? 동정심이 많고 잘 돌보는 남자는 어때? 너는 이 중에서 어떤 특성들을 갖고 싶어? 앞으로 10년 동안 그 특성들을 어떻게 발달시킬 수 있을까? 그 영역들에서 성장하기 위한 계획을 세워봐.

- 왜 하나님이 너의 몸을 어릴 때부터 어른이 될 때까지 서서히 변화하게 만드셨을까? 넌 어떻게 생각하니? 왜 하나님은 우리가 하룻밤 사이에 어른이 되게 만들지 않으셨을까?

소녀가 여성으로 자랄 때 08

남자아이들이 사춘기를 거쳐 남자가 되는 것처럼, 여자아이들도 사춘기의 기적을 경험하면서 소녀에서 여자로 변해가. 사춘기는 청소년기 동안 소녀가 육체적으로 임신을 할 수 있을 정도로 성숙하는 시기야.

청소년기에 소녀의 몸은 어떻게 변하지?

소녀가 여자가 되는 신체적 징후는 난소에서 시작해. 난소는 몸의 중심 부근에 위치한 여성 생식 기관인데, 난소가 성숙하면 바늘 끝보다 더 작은 난자를 성장시키기 시작하지. 그렇게 되면 약 28일마다 난소에서 하나의 난자가 배출된단다. 이것을 '배란'이라고 해.

작은 난자는 난소에서 근처에 있는 난관으로 이동해. 난관은 자궁으로 연결되는데, 난관에서 수정이 이루어져. 수정된 난자를 '수정란'이라고 하는데, 수정란은 약 4일 만에 자궁에 도달한단다. 수정란은 자궁 안에서 자라 아기가 될 거야. 바로 이 순간에 하나님은 새로운 한 생명을 창조하시는 거야!

주먹만 한 크기를 가진 자궁은 벽이 두껍고, 신축성이 있으며, 속이 빈 기관이야. 풍선처럼 팽창하여 자라나는 아기를 품을 수 있지.

많은 여자아이들이 12~14세 즈음에 생리를 시작하지만, 어떤 아이들은 남들보다 빨리 시작하기도 하고, 어떤 아이들은 늦게 시작하기도 해. 이 과정은 몸 안에서 주기적으로 일어나기 때문에 생리를 '여성의 주기'라고 부르기도 해. 정상적인 생리는 3일에서 7일 정도 지속되며, 거의 28일마다 하게 돼. 처음 생리를 시작했을 땐 불규칙하고 한두 달 건너뛰기도 하다가 점차 안정적인 주기가 형성되지. 첫 생리(첫 월경)를 초경이라고 해.

생리는 병이 아니야. 그것은 하나님께서 여자의 몸이 어머니가 될 준비가 되었음을 주기적으로 상기시켜주시는 거야.

 여자가 생리를 하면 어떤 일이 일어나지?

생리를 하는 동안 몇 가지 불편한 점들이 있을 거야. 하지만 대부분의 여자들은 그 기간에도 기분이 괜찮다고 느끼고, 일상생활을 계속해.

생리 기간이 끝나면 그 과정이 다시 반복돼. 생리 2주 뒤에, 난포(난자를 담고 있는 주머니)가 성숙했을 때 또 다른 성숙한 난자가 배출되는 배란이 일어나고, 난자가 수정되지 않으면 다시 생리가 시작돼. 이 모든 일련의 과정을 '생리 주기'라고 하며, 임신 기간을 제외하면 여성이 45~55세가 되어 난소에서 더 이상 난자를 배출하지 않을 때까지 계속 반복되지.

남자아이들과 마찬가지로, 여자아이들도 종종 자신의 성장과 발달 속도에 대해 궁금해하고 걱정해. 어떤 여자아이들은 또래 친구들만큼 가슴이 빨리 또는 충분히 발달하지 않는 것 같아서, 또 어떤 아이들은 또래 친구들보다 너무 빨리 너무 크게 발달하는 것 같아서 걱정이야. 그들은 성장 패턴이 좀 더 일관적이면 편할 거라고 생각할 거야. 예를 들면 모든 여자아이들의 가슴이 정확히 11세에 발달하기 시작하는 거지. 하지만 하나님은 그렇게 성장하도록 정하지 않으셨어. 각 개인은 자신만의 성장 시계가 있어.

이런 과정은 정말 경이로우며, 절대 끔찍한 일이 아니야. 하나님은 특별히 다른 목적을 위해 여자를 만드셨어. 남자들과 경쟁하기 위해서가 아니라, 사회에서, 특히 결혼생활 안에서 남자들을 보완하기 위해서 창조하신 거야.

하나님은 우리의 첫 조상인 아담을 땅의 흙으로 만드셨어. 그러나 하나님이 첫 여자인 하와를 만드실 때는 아담의 갈비뼈를 취해서 만드셨지. 아담은 하와를 보자마자 그녀가 자기 인생에 꼭 필요한 존재임을 알아챘어. 남자는 여자에게 끌린단다. 아담이 그랬던 것처럼, 남자는 여자와 함께 있을 때 경험하는 온전함을 알아채고 가치 있게 여긴단다(창 2:23 참조).

사탄, 세상, 그리고 죄악된 인간의 본성은 흔히 남자와 여자가 서로에게 느끼는 자연적인 끌림을 이용해서 악한 생각과 행동을 하도록 유인해. 이를테면 음란물을 보거나 인간의 성을 악용하거나 잘못 전달하거나, 그것을 멸시하거나 비하하는 형태의 오락에 참여하는 것들 말이야.

하나님은 남자와 여자가 결혼생활 안에서, 세상에 새 생명을 낳는 행위로 서로 결합할 수 있는 아름다운 몸을 갖도록 설계하셨어. 하나님의 계획은 남자와 여자가 오직 결혼생활 안에서 남편과 아내로서 이 성적 친밀감을 경험하는 거야. 하나님의 말씀은 명백해. 그분은 남자와 여자를 창조하셨고, 결혼을 제정하셨지. 이것들은 하나님의 선물이며, 하나님의 뜻대로 우리에게 주시는 거야. 하나님은 우리를 사랑하시므로 우리는 이 계획이 우리의 유익을 위한 것임을 믿을 수 있어.

너의 몸은 놀라운 선물이지만, 이 선물에는 그것을 적절하게 관리하고 존중해야 할 책임이 따른단다. 또한 너는 예수님이 그분의 생명을 주신 다른 사람들의 몸에 대해서도 이와 같이 행해야 할 책임을 부여받았어. 예수님은 우리를 위해 자신을 희생하심으로써 우리를 위한 사랑을 보여 주셨지.

"우리가 아직 죄인 되었을 때에 그리스도께서 우리를 위하여 죽으심으로 하나님께서 우리에 대한 자기의 사랑을 확증하셨느니라"(롬 5:8).

우리에게는 자격이 없었지만, 예수님은 우리를 사랑하셨어.

예수님은 하나님이셔. 그러나 이 일을 하기 위해 자신을 낮추어 인간이 되셨어. 예수님은 섬기는 리더로서, 심지어 제자들의 더러운 발을 씻

거주셨어. 예수님은 그분의 본을 따르고 다른 사람들을 섬기도록 너를 부르셔.

"새 계명을 너희에게 주노니 서로 사랑하라"(요 13:34).

네가 다른 사람들을 존중하고, 섬기며, 그들의 필요를 너 자신의 필요보다 먼저 생각할 때 참되고 자기희생적인 사랑을 나타내고 있는 거야.

더 생각해보기

• 예수님이 너의 죗값을 치르기 위해 죽으셨다는 사실이 너에게는 무슨 의미가 있을까?

• 그 사실은 우리에게 사랑에 대해, 특히 미래의 아내를 어떻게 사랑할지에 대해 무엇을 가르쳐줄까?

놀라운 출생

여자아이들을 의식하는 것이 잘못인가?

"하나님이 자기 형상 곧 하나님의 형상대로 사람을 창조하시되 남자와
여자를 창조하시고 하나님이 그들에게 복을 주시며 하나님이 그들에게
이르시되 생육하고 번성하여 땅에 충만하라, 땅을 정복하라"(창 1:27,28).

이 말씀은 하나님이 어떻게 서로를 위해 남자와 여자를 만드셨는지를
보여준단다. 하나님은 그들이 함께 행복하길 원하셨고, 그들의 몸을 통
해 자녀들을 낳아 언젠가 땅에 충만해지기를 원하셨어. 이런 이유로 하
나님은 남자와 여자를 다르게 만드셨고, 그 다른 점들로 인해 남자와
여자가 서로에게 끌리도록 만드셨지. 이 성적인 끌림은 하나님의 선물이
야. 남자와 여자는 함께 있는 것을 원하도록, 그런 감정을 느끼도록 만
들어졌어.

나이가 들수록 이런 끌림을 점점 더 많이 느끼게 되지. 단체 안에서든

개인적으로든 이성과 함께 있고 싶어 할 거야. 어쩌면 특별한 한 여자와 함께 시간을 보내기 시작할지도 몰라. 서로를 알아가면서 사랑에 빠지고 결혼을 기대하게 되겠지.

경건한 배우자에게 바라는 인격적 자질을 확인한 남자와 여자는 시간을 두고 서로와 서로의 가족을 알아가며 관계를 발전시켜나가지. 오랜 시간 동안 그들은 하나님, 재정, 취미 등에 대한 그들의 가치관과 신념들을 탐색하며 서로 나누기도 해. 그 과정을 통해 결혼생활 속에서 함께 만들어갈 새로운 삶에 대한 계획들을 세워나가는 거야.

하나님의 본래 계획은 남편과 아내가 하나님의 복 아래 믿음으로 헌신하며 함께 사는 것이었어. 하나님은 아담과 하와가 죄를 범하기 전에 그들을 위해 이 연합을 도입하셨지. 결혼생활 속에서 남자와 여자는 함께 새로운 삶을 만들어가며, 그 삶을 통해 하나님과 서로를 사랑하고 섬겨. 그들은 가정과 공동체 안에서 하나님의 사랑을 나누기 위해 함께 일하지. 이 새로운 가정 안에서 하나님은 하나님의 은혜와 선하심에 대한 지식을 한 세대에서 다음 세대로 전달하신단다.

 결혼 전에 동거하는 건 정말 문제일까?

남자와 여자가 결혼을 하지 않고 일시적으로 또는 시험 삼아 함께 산다면, 그들은 하나님의 뜻을 무시하고 있는 거야! 결혼생활 속에서 남편과 아내는 평안과 만족감을 누리며 정서적으로 건강하다고 느끼지. 배우자가 자신을 사랑하며 평생 오로지 자신에게만 헌신하기 원한다는 것을 믿기 때문이야. 하나님은 결혼이 우리의 삶에 행복과 성취감을 가져다주는 축복임을 아셨기에 결혼 제도를 세우셨어.

결혼관계 안에서 성은 두 사람이 육체적, 영적으로 연합하여 한 사람이 되었음을 보여주지. 만약 결혼하지 않은 남자와 여자가 서로 친밀해지기 위해, 또는 자신의 만족을 위해 성을 사용하려 한다면 그들은 실망하고 상처를 받게 될 거야. 거기엔 헌신이 없으며, 성에 대한 이러한 사고방식은 미래의 결혼생활에 해를 끼칠 수 있어. 하나님께서는 매우 합당한 이유로, 오직 남편과 아내를 위해서만 성을 계획하셨어.

그리스도인으로서 생각해야 할 또 한 가지는, 하나님이 우리의 세상적인 관계들 속에서 무엇을 원하시는가 하는 거야. 분명 하나님은 우리가 모든 사람을 섬기고 존중하길 원하시지만, 결혼생활 속에서 누리게 될 특별한 관계에 대한 더 분명한 그림을 우리에게 제시하셔.

앞에서 말했듯이, 하나님은 세상에서 누리는 우리의 결혼생활이 그리스도와 교회(모든 신자들)의 관계와 비슷하다고 말씀하셔. 하나님의 사랑은 어떻지? 신실하시고, 완전하시고, 거저 주어지며, 열매를 맺지. 이네 가지 특성은 하나님의 사랑과 그리스도인의 결혼생활에서 발견되는 사랑을 묘사하는 아름다운 단어들이야.

우리는 하나님을 믿지 않는 사람들이 하나님의 사랑을 본받아 관계를 세워갈 것이라고 기대하지 않아. 그러나 그리스도인으로서 우리는 핑계 댈 수가 없어. 결혼과 상관없이 동거하는 것은 우리의 사랑이 완전하지 않음을 나타내는 매우 분명한 표시일 뿐이야. 그것은 또한 동거하는 두 사람 중 한 사람이 믿음을 지키지 않을 가능성을 열어두지. 결혼 생활 안에서 약속하지 않고, 그들은 여전히 자신의 일부분을 서로에게 감추고 있어. 예수님이 십자가 위에서 우리에게 감추신 부분이 있었니? 어떤 부분도 감추지 않으셨어. 예수님은 그 자신을, 자신의 생명을 온전히 내어주셨어! 이것이 우리의 결혼생활이 어떻게 이루어져야 하는지 이해하도록 돕기 위해 하나님이 제시하시는 그림이야.

너는 자라면서 주변의 여러 관계 속에서 불확실성과 불성실함을 많이 볼 거야. 아직 어린 나이라 해도 하나님이 결혼이라는 놀라운 연합을 위해 너를 준비시키는 방법들을 마음에 새겨둘 수 있을 거야. 하나님이 너에게 아내를 주신다면 너는 그녀에게 자신의 전부를 내어줄 준비가 되어 있을 거야. 하나님의 계획을 마음에 품고 있으면 또한 결혼에 대해 같은 신념을 가진 여자를 알아보는 데 도움이 될 수 있어.

🧑 성관계를 '자제한다'는 것은 무슨 의미지?

성관계를 잘하기 위해 결혼 전에 미리 연습할 필요는 없어. 하나님은 서로를 위해 남편과 아내를 만드셨기 때문에 남편과 아내는 서로에게서 기쁨을 발견할 거야. 우리는 우리의 삶을 향한 하나님의 계획, 즉 우리를 사랑하시고 모든 것을 아시는 하늘 아버지의 계획을 믿을 수 있어. 오직 미래의 아내와 내 몸을 나누기 위해 기다림으로써 그녀에게 진심으로 경의와 존경을 표하고 있는 거야!

결혼을 통해 평생 서로에게만 충실하기로 약속한 후 아내의 몸에 대해 더 많이 알아가고 무엇이 그녀를 행복하게 해주는지 알아가면서 즐거움을 맛보게 될 거야.

우리는 헌신된 결혼생활 속에서 상대방에게 자신의 모든 것을 알리고, 그렇게 연약함을 드러내는 것에서 행복과 안정감을 느낄 수 있어. 배우자와의 이 사적이고, 편안하고, 안전하며, 따뜻하고, 소중한 관계는 얼마나 큰 복인지 몰라! 이 친밀함은 결혼 전이나 결혼생활 동안 다른 여자들과 나눌 수 있는 게 아니야. 남편과 아내가 결혼생활 속에서 누리는 이 특별한 관계로 인해, 하나님은 오직 결혼한 부부 사이에서만 '성관계'로 알려진 그 친밀한 사랑의 행위를 나누기 원하시는 거야.

"이러므로 남자가 부모를 떠나 그의 아내와 합하여 둘이 한 몸을 이룰지로다"(창 2:24).

남편과 아내는 특별한 결합을 경험하지. 이것은 그들이 특별한 관계 속에서 생각과 관심과 감정들을 함께 나눈다는 뜻이야. 결합은 또한 절대 어겨서는 안 되는 두 사람 사이의 특별한 약속 또는 서약을 의미해. 두 사람을 하나 되게 하고, 결속시키며, 더 강하게 하는 힘이야.

한 연구 결과는 두 사람이 성적으로 친밀해질 때마다 이 결합의 과정이 일어남을 보여줘. 문제는 그들이 서로에게 온전히 헌신하지 않고 헤어질 때 발생해. 이것은 미래에 한 사람이 다른 사람과 결합할 수 있는 능력을 손상시키지. 만일 성적인 결합이 여러 번 일어난다면 서로 믿고 안정감을 느낄 수 있는 능력이 매번 더 줄어들게 될 거야. 헌신된 결혼생활 밖에서 성관계를 갖는 사람들은 친밀감을 발견하기가 더 어려워져. 그들은 자신들이 궁극적으로 원하는 것과 하나님께서 그들이 서로 나누도록 창조하신 것을 얻고 누리는 것을 더 어렵게 만들고 있어. 실제로 사람들이 생각하는 것과 정반대의 일이 일어나는 거야!

성관계는 결혼생활의 매우 특별한 부분이야. 남편과 아내가 서로에 대한 사랑을 나타내는 방법이며, 하나님이 계획하신 방법이지. 남편과 아내는 성관계를 통해 쾌감과 편안함과 만족감을 누릴 수 있어.

결혼은 가정을 세우기 위한 하나님의 계획이야. 남편과 아내는 하나님에 의해 한 가족이 되고, 서로 결합해. 성관계는 그 결합과 헌신과 사랑의 육체적, 감정적, 영적 표현이야.

남편과 아내는 동료애와 비슷한 관심사와 가치관을 공유하는 가장 좋은 친구야. 하나님은 결혼생활에 복을 주셔서, 자녀들이 태어나 하나님 안에서 자라고 하나님을 찬양하게 해주셨어(창 1:28). 가정은 행복한 시간과 배움의 경험들을 함께 나누며 힘든 시간 동안 서로를 지지해주는 아름답고 안전한 장소야.

남편과 아내는 한 팀으로서 사랑이 넘치고 건강한 가정을 만들기 위해 함께 노력하며 서로 격려하고 힘이 되어줘. 두 사람이 얼마나 더 많은 것을 이룰 수 있을까!(전 4:9) 한 사람이 연약하다고 느낄 때 얼마나 큰 힘이 되어줄 수 있을까! 하나님은 배우자의 사랑을 통해 우리를 향한 하나님의 사랑을 보여주셔.

임신은 어떻게 되는 걸까? 성관계를 가질 때마다 임신이 되는 걸까?

만일 여자가 최근에 배란을 했다면 성관계를 갖는 동안 임신이 될 수 있어. 남자의 정자가 여자의 난자와 만나는 것이 수정인데, 수정이 되면 이제는 다른 정자가 들어갈 수 없도록 난자의 세포막이 딱딱해져. 이렇게 수정된 세포가 새로운 생명의 시작인 것이지.

수정란이 성장해서 아기로 태어날 때까지 영양을 공급하기 위해서는 여분의 혈액이 필요하기에 임신 중에는 배란이 일어나지 않고, 생리도 하지 않아. 규칙적으로 해오던 생리를 하지 않게 되면 여자는 자기가 임신했을지도 모른다는 것을 감지하고, 임신테스트를 해보거나 병원에 가서 검사를 하지. 여자가 임신을 한 경우 의사는 아기가 정상적으로 발달할 수 있도록 아기를 보살피는 최선의 방법을 일러줄 거야.

 아기는 어떻게 태어나지?

정자와 난자가 결합한 지 약 10개월(40주)이 지나면, 아기는 태어날 준비를 해. 출산 전 몇 개월 동안, 엄마와 아빠는 아기가 자궁 안에서 움직이는 것을 느낄 수 있어. 출산이 가까워지면 태아는 대개 자궁 안에서 머리를 아래로 향해. 그리고 자라나는 아기에게 공간을 마련해주기 위해 늘어났던 자궁의 근육들이 조여지기 시작하면서 아기를 자궁에서 질로 밀어내지.

2개월   3개월   4개월   6개월   8개월

'진통'이라는 과정이 시작되면 어머니는 곧 출산하게 될 것을 알고 대개 병원에 가서 의사의 도움을 받아 아기를 낳아. 아기는 일반적으로 머리부터 세상에 나오며, 곧 첫 울음을 터뜨려. 우는 것은 스스로 숨을 쉬고 있다는 표시야. 자궁 안에서 엄마와 아기를 연결해주고 아기가 모든 영양분을 공급받았던 탯줄을 자르면 일주일쯤 후에 말라서 떨어지는데, 그 흔적이 배꼽으로 남는 거야.

아기가 태어난 후에 엄마의 질을 통해 태반이 빠져나와. 태반은 아기에게 영양 공급을 돕기 위해 자궁 안에서 형성된 혈관이 많이 분포되어 있는 조직이야. 임신과 출산이라는 하나님의 기적은 이제 완료되었어.

아기가 태어난 후 엄마의 자궁과 질과 외음부는 서서히 정상적인 크기로 돌아가. 아기가 태어나면 엄마의 가슴에서는 젖이 분비되는데, 만약 엄마가 계속 아기에게 젖을 먹인다면(이것을 모유 수유라고 해) 가슴이 더 커지면서 젖을 계속 분비해. 만약 분유를 먹이기로 선택한다면 가슴은 모유 생산을 중단하고 정상적인 크기로 돌아갈 거야. 수정란에서 시작하여 지금의 모습으로 성장시키기 위해 하나님이 계획하신 과정은 기적과 같이 놀라운 일이란다.

때로는 질병이나 사고나 다른 문제들로 인해 배아나 태아가 정상적으로 발달하지 못하는 경우가 있어. 이렇게 되면 아기는 엄마의 자궁 안에서 제대로 성장하지 못해 사망하거나 몸 밖으로 나오게 돼. 이 과정을 유산이라고 하지. 이것은 세상에 태어날 아기를 기대하고 있던 엄마와 아빠에게 정말 고통스러운 일일 수 있어.

알려진 바에 따르면, 임신 후 약 10~20퍼센트 가량이 결국 유산을 하고 수정란의 30~50퍼센트는 엄마가 임신 사실을 채 알기도 전에 유산되는 것으로 추정된다고 해. 그리스도 안의 형제와 자매로서 혹시라도 우리 주변에 유산의 아픔을 겪는 사람이 있다면 기도와 하나님의 말씀으로 위로해줄 수 있을 거야.

하나님은 아기들이 엄마의 자궁 안에서 열 달(40주)을 보낸 뒤에 세상에서 살 준비가 되도록 설계하셨어. 그런데 그 이전에 태어나는 아기들을 미숙아라고 해. 미숙아들 역시 튼튼하고 건강하게 자랄 수 있지만, 그러기 위해서 특별한 보살핌을 받아야 해. 일찍 태어난 아기들은 대개 인큐베이터 안에서 한동안 지내게 되지. 인큐베이터는 아기들을 따뜻하게 해주고 세균 감염을 막아준단다. 비록 하나님이 설계하신 대로 가장 건강한 상태는 아니지만 22주나 23주에 태어난 아기들도 살 수 있는 것으로 알려져 있어. 처음엔 배아, 그 후엔 태아라고 불리는 아직 태어나지 않은 아기들도 살아 있는 사람이야. 아기들은 엄마의 몸속에서 40주 동안 성장하는 것이 가장 좋아.

아기가 너와 꼭 닮았구나!

너는 가족 중에 누구와 닮았어? 아빠와는 눈이, 엄마와는 머릿결이 닮았을 수 있을 거야. 어쩌면 부모 중 어느 쪽과도 많이 닮지 않았을지도 모르지. 아니면 입양이 되어서 친부모의 어느 면을 닮았는지 모를 수도 있어. 어쨌든 우리가 가진 여러 가지 특성들은 아빠와 엄마가 물려준 거야.

왜 가족들은 서로 닮을까?

아빠로부터 온 정자는 '염색체'라고 하는 23개의 작은 요소들을 포함하고 있어. 각 염색체는 수백 개의 '유전자'를 포함하는데, 유전자가 아이의 외모를 결정해. 피부색, 머리 모양, 몸의 크기 등 말야.

엄마의 난자 역시 23개의 '염색체'를 포함하고 있고, 각 염색체에는 수

백 개의 '유전자'가 있어. 아빠의 정자가 엄마의 난자와 결합할 때 수정란에는 아기의 모습을 결정짓는 46개의 염색체가 들어가지. 그중 절반은 아빠로부터, 절반은 엄마로부터 온 거야. 아빠의 23개 염색체는 엄마의 동일한 염색체와 각각 짝을 이뤄. 아이가 물려받을 수 있는 염색체의 결합은 약 70조 개에 이른다고 해.

유전자에는 우성 유전자와 열성 유전자가 있는데, 우성 유전자가 열성 유전자보다 강해. 유전자는 아이의 외모와 몸의 기능을 좌우하므로(유전적 특성), 더 우성인 유전자가 부모나 조부모, 또는 다른 조상들로부터 물려받는 특성들에 더 큰 영향을 미쳐. 이것은 부모가 자신과 다른 머리색을 가진 자녀들을 낳을 수 있는 이유를 설명하는 데 도움이 돼.

또한 어머니와 아버지도 모두 그들의 부모에게 염색체를 받았다는 사실을 기억해야 해. 따라서 각각의 아기들은 다양한 조상들로부터 적절히 조합된 특성들을 물려받아. 어머니나 아버지가 아니라 할아버지를 닮은 눈을 갖게 되는 이유가 여기에 있지.

아기가 남자인지 여자인지를 결정하는 것은 아빠의 정자 세포야. 성별을 결정하는 두 종류의 정자가 있는데, X염색체를 가진 것과 Y염색체를 가진 거야. X염색체를 가진 정자가 난자와 수정하면 여자 아기가 태어나고, Y염색체를 가진 정자가 난자와 수정하면 남자 아기가 태어나게 되는 거지.

쌍둥이에도 두 종류가 있는데, 이란성 쌍둥이와 일란성 쌍둥이야. 이란성 쌍둥이는 두 개의 정자가 두 개의 난자와 결합하여 생기게 되고, 일란성 쌍둥이는 하나의 정자가 하나의 난자와 결합한 후 수정란이 두 개로 분열하여 두 사람으로 성장하는 것을 말해. 이란성 쌍둥이는 다른 형제 자매들보다 더 서로 닮지 않을 수도 있고, 둘 다 남자아이거나 여자아이일수도, 또는 남녀 쌍둥이일 수도 있어. 일란성 쌍둥이는 아주 비슷해 보여. 하지만 똑같지는 않아. 각 사람은 특별하기 때문이지. 아주 많이 닮은 쌍둥이들도 각자 자신만의 흥미와 생각, 성격, 경험들을 갖게 되지.

임신과 출산의 경이로움을 공부할수록 우리는 시편 기자의 말에 더 동의하게 돼.

"나를 지으심이 심히 기묘하심이라"(시 139:14).

- 하나님은 왜 남자와 여자를 만드셨을까? 왜 남자와 여자에게 결혼을 선물로 주셨을까?

- 언젠가 결혼하고 싶다는 생각을 하니? 결혼에 대해 가장 기대하는 것은 무엇이지?

- 하나님은 어떻게 그분의 놀라운 창조 사역에 남자와 여자를 동참시키고 계실까?

년 친구가 정말 많구나!

응, 그렇지. 그런데 왜?

난 친구가 별로 없거든.
아무리 기다리고 기다려도 나랑 친구가 되고 싶어서
다가오는 사람이 없어.

가만히 앉아서 친구가 생기기만 기다리고 있으면 안 되지!

무슨 말이야?

친구를 사귀려면 네가 먼저 친구가 되어주어야 해.

친구들과 우정 쌓기

어떻게 친구가 되는 걸까?

대부분의 사람들은 다른 사람들과 함께 있기를 원해. 다른 사람들이 자신을 좋아하고, 필요로 하길 원하며, 그룹이나 팀에 속하기를 바라지. 그리고 그것이 하나님의 계획이기도 해. 하나님은 사람들이 다른 사람들과 함께 살며 나누도록 만드셨어. 교회가 그런 곳이지. 즉 하나님의 사람들이 서로 도우며 사랑하는 곳이 교회야. 우리는 한 가족, 즉 그리스도 안에서 형제요 자매란다.

언젠가 결혼을 한다면 서로 공감하며 함께 살아갈 특별한 한 사람이 생기게 되는 거야. 그리고 그 관계에서 성은 중요한 부분이 될 거야. 그러나 남자에게 중요한 또 다른 부분은 우정, 즉 다른 사람들과 친밀한 관계를 갖는 거야. 그 관계에서 성은 포함되어 있지 않아.

나, 그리고 친구

친구가 되는 것, 친구를 사귀는 것은 매우 중요한 삶의 한 부분이야. 특히 십 대 시절에는 자신감을 갖는 것과 하나님이 주신 선물들을 귀하게 여기는 사람들과 함께 어울리는 것이 정말 중요해. 예수님은 "네 이웃을 네 자신과 같이 사랑하라"(막 12:31)라고 말씀하셨지. 또한 하나님이 우리를 사랑하시기 때문에 우리도 다른 사람들을 사랑할 수 있어. 하나님께 사랑을 받으면 확신이 생긴단다. 하나님은 우리를 특별한 은사와 재능과 독특한 성격을 가진 사람으로 만드셨어. 그러므로 친구를 찾기 위해 다른 사람처럼 될 필요가 없어. 하나님이 창조하신 모습 그대로, 지금 모습 그대로 좋아해줄 친구들을 찾을 거라는 확신을 가져. 이 자신감은 우리가 다른 사람들에게 좋은 친구가 되도록 도와줘.

'자기 자신을 좋아하는 것'은 자부심이나 자만심의 문제가 아니야. 그것은 하늘에 계신 우리 아버지의 아들로서 내가 누구인지를 인식하는 거야. 그 아버지는 우주의 창조주이시며, 그분의 아들은 나를 구속하시고 구원하시기 위해 자신의 생명을 내어주셨어. 나를 좋아하는 것은 하나님이 나에게만 주신 좋은 선물들을 인정하고 감사하는 거야. 자신의 장점을 많이 발견할 수 있다면 다른 사람들에게도 장점이 많이 있다는 걸 알게 될 거야.

또 어떤 것이 한 사람을 좋은 친구로 만들까? 우정과 좋은 친구가 되는 것에 대해 생각하면서 다음 도표에 체크해보자.

	나는 이런 친구를 원해	나는 이런 친구가 되고 싶어
이해심이 많다		
이야기를 잘 들어준다		
함께 있으면 즐겁다		
믿을 수 있다		
의지할 수 있다		
솔직하다		
도움이 된다		
다른 친구들의 관심사를 존중한다		
사려 깊다		
정중하다		
유머감각이 있다		
예의가 바르다		
대화하기 편하다		

더 추가할 내용이 있을까? 이 중에 중요하지 않은 것들이 있니? 네가 얼마나 친화적인 사람인지 알아보고, 또 좀 더 친화적인 사람이 되기 위

해 노력하는 한 가지 방법이 바로 이 목록을 사용하여 너 자신을 점검해 보고 네가 다른 사람들과의 관계 속에서 해오지 않았던 일들을 시작하 도록 연습해보는 거야.

다른 사람들에게 친근하고, 친절하고, 배려 깊은 사람이 되는 것은 언 제나 친구를 얻고 유지하는 가장 좋은 방법 중 하나일 거야. 하나님이 만들어가시는 네 모습과 하나님이 네게 주신 것에 만족한다면, 너는 함 께 있으면 즐거운 사람이 될 가능성이 더 높아. 친구들을 위해, 그들을 행복하게 해주는 일들을 즐겁게 한다면 그들은 아마 네가 어떻게 하나 님의 사랑을 나타내는지 알게 될 거야.

우정은 행동의 길잡이가 되어주는 가치관을 발달시키는 데 도움이 된단다. 친구들의 행동을 그대로 따라 하는 네 모습을 발견할 수도 있 어. 친구들처럼 말하거나, 비슷하게 옷을 입거나, 비슷한 행동들을 해 야 한다고 느낄 거야. 이것을 '또래 압력' 즉 또래 집단에서 받는 압박 감이라고 해.

이런 압박감은 삶에 중요한 영향을 미치지. 아무도 남들과 너무 달라 지는 것을 원하지 않기 때문이야. 친구들과 비슷하게 보이고 그들이 하 는 대로 하는 것은 자신이 한 그룹에 속해 있으며 받아들여지고 있다는 느낌을 갖는 데 중요한 부분이야. 그래서 겉으로라도 다른 사람들처럼 보이려고 옷을 입고, 행동하기 원하는 거야.

그러나 이런 외적인 특성들은 너를 규정하지 못해. 네 가치가 그런 것 들로부터 온다고 생각해서도 안 돼. 우리의 가치는 하나님으로부터 오며, 하나님이 우리를 위해 죽으실 만큼 사랑하셨다는 사실을 아는 데서 온단다!

또한 실제의 너를 구성하는 것은 내적인 것들이야. 즉 네가 가지고 있는 목표, 태도, 신념, 가치들이지. 성숙함은 이런 두 힘의 영향력과 씨름하는 결과로 오는 거야. 성장의 한 부분은, 지금 네가 하고 있는 일이나 듣거나 말하는 것들이 하나님을 기쁘시게 하는 것이 아니라는 걸 느끼고 이해하며, 용기를 내어 그런 행동이나 그것에 대해 듣거나 말하는 것을 멈추는 거야. 성경은 "너희는 이 세대를 본받지 말고 오직 마음을 새롭게 함으로 변화를 받아 하나님의 선하시고 기뻐하시고 온전하신 뜻이 무엇인지 분별하도록 하라"(롬 12:2)라고 말해.

 ### 어떻게 그리스도인 친구들이 하나님이 주신 선물이지?

대부분의 행동에서 친구들과 비슷해지려고 하는 것은 괜찮아. 특히 그 친구들이 비슷한 가치관과 도덕적 기준들을 갖고 있을 때는 더욱 그렇지. 좋은 그리스도인 친구들은 하나님께서 주신 선물이야. 그들은 복음을 나누고, 필요할 때 격려해줄 수 있을 뿐만 아니라, 우리가 하나님의 자녀답게 살고 있지 않을 때 우리를 일깨워줄 수도 있어. 친구들이 서로의 행동에 대해 책임을 물을 수 있는 것은 그들이 대장 노릇을 하기 원해서가 아니라 관심이 있기 때문이야.

만일 친구가 자신이나 다른 사람에게 해가 되는 행동(거친 묘기나 심한 장난)을 하려 한다면 마음이 불편하더라도 말을 해주는 것이 더 나을까, 아니면 가만히 앉아서 누군가가 해를 입는 것을 보고만 있는 것이 더 나을까?

만약 친구들이 네가 옳다고 믿는 것과 다른 행동이나 말을 하도록 계속 부추긴다면 너와 가족과의 관계에 긴장감이 생길 거야. 그러니 친구는 현명하게 선택해야 해. 너와 함께 시간을 보내는 사람들이 담배를 피우고, 술을 마시고, 학교에 가지 않고, 혼전 성관계를 갖고, 부모님과 선생님들에게 거짓말을 한다면 너 역시 그런 유혹에 굴복하게 될 가능성이 더욱 커지지.

하나님은 우리가 해를 당하지 않는 결정을 내릴 수 있도록 지침들을 주셨어. 하나님은 우리가 기쁨으로 충만하길 원하시며, 그래서 하나님과 계속 가까이 있으라고 말씀하셔(요 15:10,11). 하나님이 부모님과 선생님, 목사님, 또 다른 권위 있는 분들을 보내주신 것은 필요할 때 하나님의 뜻을 상기시켜주기 위해서지. 그들은 우리를 사랑하며, 잘못된 선택의 결과에 대해 잘 알고 있어.

우리의 정체성 중 너무 많은 부분을 주변 사람들로부터 얻는 것은 위험해. 혹시 사랑받고 함께 어울리기 위해 또래의 압력에 굴복해야 할 것처럼 느껴지니? 다른 사람들의 행동에 동조하지 않으면 조롱을 당할까봐 걱정스러워?

우리는 하나님의 자녀야. 그분은 우리를 위해 싸우시고, 강하게 하시며, 보호하시는 전능자 하나님이셔. 그러므로 우리는 자신이 누구인지를 확고히 할 필요가 있어. 언젠가는 하나님의 자녀로서 우리에게 어울리지 않는 행동을 하도록 유혹을 받을 것이기 때문이야.

나의 가장 참된 친구

우리의 가장 좋고 가장 진실한 친구는 예수님이셔. 그분은 우리의 모든 생각과 염려, 두려움, 소망, 염원을 다 아시지. 예수님은 우리가 범한 모든 잘못을 용서받게 하시고, 장차 천국에서 살게 해주시기 위해 자신의 생명을 내어주셨어. 그분은 또한 이 땅에서 우리를 사랑하고 지지해줄 가족과 우리를 인도하시고 하나님의 뜻을 이해하도록 도와주실 성령님을 주셨어.

또한 예수님을 향한 사랑을 함께 나누는 친구들은 하나님께서 주신 또 다른 특별한 선물이야. 그리스도인 친구들은 가족처럼 우리를 지지해주고, 우리가 하나님의 뜻대로 살며 예수님의 복음을 다른 사람들과 나누도록 격려해줘.

어떤 일이 있어도 가족과 좋은 친구들이 우리를 사랑해줄 것이고, 또 우리가 무슨 일을 하든, 또는 하지 않든 간에, 예수님이 언제나 우리를 사랑하실 거라는 사실을 아는 것은 기분 좋은 일이야.

음란물

우리가 직면하게 될 유혹의 형태 중 하나는 음란물(포르노)이야. 이 유혹이 친구로부터 올 수도 있어. 음란물이란 어떤 감정적 반응(성적 흥분)을 일으키기 위해 매우 수치스럽고, 모멸적이고, 심지어 폭력적인 방식으로 나체의 사람들이나 성을 묘사하는 사진, 글, 영상 등을 말해. 음란물은 우리에게 성적 친밀함의 아름다움과 신비로움을 보여주지 않아. 그보다 거짓된 성을 만들어내고, 건강하지 못하고 해로운 방식으로 성을 보여주지.

🙂 누드 사진을 보는 것은 잘못인가?

음란물은 하나님이 남편과 아내를 위해 설계하신 사적이고 친밀한 행위인 성을 왜곡하여 공개적이고 친밀하지 않은 것으로 만들어. 음란물은 자신이 언제까지나 사랑하기로 약속한 사람에게 자신을 내어주는 성을 이기적이고 자기만족을 위한 것으로 보이게 만들지. 어떤 웹사이트, 잡지, 성인용 영화들은 하나님께 감사하고 감탄하며 하나님의 선물로 대해야 할 인간의 몸을 이용하고 남용하고 탐하는 대상으로 보여주지.

이런 책이나 사진, 웹사이트, 장소들은 대부분 18세나 19세 미만에게는 공개되지 않는다고 주장하지만, 중학생들도 음란물을 접할 수 있고, 심지어 일부러 찾아보지 않아도 접할 수 있어. 우리는 광고, 책, 영화,

TV, 인터넷을 통해 성과 몸을 미화하는 사회에 살고 있어. 그것은 우리 주변 어디에나 있어.

그러니 조심해! 팝업 광고든, 인터넷 검색이든, 소셜 미디어 게시글에서든 음란물을 접할 것이며, 심지어 친구들이 우리에게 그런 것들을 보여 줄 수도 있어.

음란물은 무엇이며, 사람들은 왜 그것을 보는가?

음란물은 쉽게 중독을 일으켜. 그러므로 중단할 수 있다고 자신하며 음란물을 보기 시작해서는 안 돼. 많은 중독들과 마찬가지로, 음란물 중독은 당사자에게만 영향을 끼치지 않아. 즉 다른 사람들에게도 영향을 끼치지. 그것은 지금의 너에게 해로울 뿐만 아니라, 미래의 너에게도 해가 될 거야.

예를 들면, 음란물은 좋은 성관계를 갖는 법을 가르쳐주지 않아. 다른 여자의 벗은 몸을 보는 것은 네 미래의 아내를 존중하고 감탄하며 그녀만의 특별한 필요를 채워주는 일을 어렵게 만들어. 음란물은 감정적 고통을 가져와. 왜냐하면 너와 너의 미래의 아내에 대한 불합리한 기대들이 너 자신을 부족한 사람처럼 느끼게 하기 때문이야.

이런 유혹들을 무시하기란 쉽지 않아. 그럼에도 우리가 할 수 있는 일들이 있어. 성령님이 우리에게 유혹을 뿌리치고 자제력을 발휘할 힘을 주신다는 사실을 언제나 기억해. 우리의 몸과 다른 사람들의 몸은 하나님의 선물임을 기억해. 그런 음란물들이 있다는 것을 의식하기만 해도 그것들을 피할 수 있을 거야.

말과 행동으로 성과 인간의 몸을 비하하는 사람들과 함께 있는 상황들을 피해. 그리고 예수님을 향한 사랑과 그분을 위해 살고자 하는 열망을 함께 공유하는 다른 사람들의 지지와 격려를 구해. '순응'이라는 압력에 저항할 힘을 달라고 매일 기도해(롬 12:2 참조).

자위

친구들로부터 듣게 되는 또 한 가지는 자위에 관한 이야기야. 자위는 쾌감을 얻기 위해 음경이나 음핵을 만지거나 문지르는 것을 포함해.

하나님은 성관계가 남편과 아내에게 정말 놀라운 경험이 되도록 계획하셨어. 부부는 성관계 후에 평온함과 만족감을 경험해.

자위행위를 하는 동안에도 이와 동일한 화학물질들이 분비되어, 성적 친밀감이 주는 유익의 일부를 자기중심적인 방법으로 얻게 해주지. 그리고 이런 강력한 신경화학물질들의 분비는 자위하는 습관을 멈추기 어렵게 만들어. 즉 그것은 강한 충동이나 (화학적) 중독을 가져오기가 쉬워! 결국 우리의 생각을 사로잡고 일상적인 활동과 관계들을 방해하기 시작할 거야.

더 중요한 것은, 자위는 성이라는 선물을 하나님의 뜻대로 사용하는 것이 아니라는 사실이야. 하나님의 의도는 우리의 성적 활동이 상호 간의 사랑과 결혼생활의 헌신 속에서 배우자와의 교감을 지향하는 것이기 때문이야. 자위는 결혼생활의 연합 속에서 주고받는 성관계와 성적 만족을 분리시켜.

우리는 순간의 욕망보다 자위의 지속적인 결과들을 생각해봐야 해. 자위를 하는 동안 한 여자에 대해 생각했을 것이고, 그것은 나중에 수치심이나 죄책감을 일으킬 거야. 자위에 대해 죄책감을 느끼고 들킬까 봐 두려워할 수 있어. 이런 감정들은 결혼한 후에도 계속 영향을 미치지. 하나님의 말씀은 아이가 성장하고 성숙할 때 청년의 정욕과 공상을 버려야 한다고 가르쳐(딤후 2:22).

또한 자위행위로 인한 스트레스, 두려움, 죄책감이 조기 사정의 한 원인이 될 수 있어. 조기 사정은 성관계에서 자신과 상대방이 원하는 것보다 더 빨리 절정에 이르러 사정하는 것을 의미하며, 이는 그들이 전희와 성관계를 즐길 수 있는 시간을 단축시켜. 남자가 젊을 때 자위를 하는 동안 서둘러 절정에 이르면 어른이 되어서도 그의 몸이 조기 사정을 하도록 맞춰질 수 있다는 거야. 40세 이하 남성의 30~70퍼센트가 어느 정도 조기 사정의 영향을 받아왔거나 받고 있어.

또한 자위는 결혼생활에도 영향을 미칠 수 있어. 자신의 성적 욕구의 초점이 배우자와의 관계에 맞춰지기보다 자기중심적인 것이 되도록 훈련시키기 때문이야. 이러한 사고방식은 관계 속에서 갈등을 일으킬 수 있고, 아내와 성관계를 갖는 것보다 자위를 더 좋아하는 남편이 되게 만들 수 있어.

아마 자위를 해도 괜찮다는 말들을 들어보았을 거야. 이런 식의 허용은 많은 경우 예수 그리스도를 구주로 영접하지 않고 하나님과 관계를 맺지 않은 사람들에게서 온다는 사실을 기억해. 자위가 우리를 위한 하나님의 뜻인지, 우리를 향한 하나님의 사랑과 같은 사랑을 나타내는지 질문해봐야 해.

한편으로는 자위행위에 너무 많은 의미를 부여하지 않도록 주의해야 해. 어떤 사람들은 너무 큰 죄책감에 사로잡혀서 하나님이 절대 자신을 용서하실 수 없다고 생각해. 그것은 사실이 아니야. 자위가 우리의 삶을 향한 하나님의 계획에서 우리를 멀어지게 하는 행위인 것은 맞지만, 또한 하나님이 우리를 아무 거리낌 없이 사랑하시며 우리의 죄를 용서해주신다는 것도 사실이야. 이것을 잘 이해해야 해.

자위의 습관을 극복할 수 있는 몇 가지 방법이 있어.

먼저, 다른 사람들과 함께하는 활동들에 더 많은 시간을 보내는 거야. 스포츠, 취미 활동 등 너의 관심을 끌고 사람들과 함께 어울리게 하는 것이면 무엇이든 괜찮아. 운동은 기분을 좋게 하는 엔도르핀을 분비해. 봉사활동과 자원봉사를 통해 하나님의 사랑을 나눔으로써 만족감을 얻고 사랑을 느낄 수 있어. 다른 사람들을 위해 무언가를 하는 것은 보람 있는 일이야.

또한, 성적으로 자극을 일으키는 사진이나 책, 잡지, 웹사이트, 대화 등을 피해야 해. 사도 바울은 "무엇에든지 참되며 … 무엇에든지 정결하며 무엇에든지 사랑받을 만하며 … 이것들을 생각하라"라고 말해(빌 4:8). 즉 여러 활동과 음악, 책, 공원, 재미있는 사람들, 예배, 성경 공부, 요리 등 성이 아니라 우정과 교제에 초점을 둔 일들을 즐기도록 해. 그렇게 된다면 성적 행위는 삶에서 작은 부분에 불과한 것으로 남게 될 거야. 성은 전부가 아니야!

무엇보다, 유혹을 뿌리칠 힘과 능력을 하나님께 구해야 해.

"사람이 감당할 시험밖에는 너희가 당한 것이 없나니 오직 하나님은 미쁘사 너희가 감당하지 못할 시험 당함을 허락하지 아니하시고 시험 당할 즈음에 또한 피할 길을 내사 너희로 능히 감당하게 하시느니라"(고전 10:13).

우리 안에 거하시는 성령님이 우리에게 절제력을 주실 거야(갈 5:23).

또한 우리가 어떤 실수를 했든, 어떤 건전하지 못한 생각을 했든 간에, 하나님은 예수님으로 인해 우리를 계속 사랑하시고 용서하신다는 것을 명심해. 예수님은 우리의 죄들을 완전히, 영원히 처리하셨어. 죄악된 습관들을 그만두는 것이 힘들게 느껴진다면 예수님이 우리의 삶을 변화시키시고 그분의 능력을 통해 우리를 새롭게 만드신다는 것을 기억해. 주님은 매일 우리를 새롭게 만드시고 우리를 억압하는 죄의 힘으로부터 우리를 자유롭게 해주셔. 자위는 우리 욕망의 만족을 위해 자기 생각에

파묻히는 인간의 성향을 보여주는 또 한 가지 예야. 우리에게 필요한 모든 좋은 것들로 만족을 주시는 하나님을 바라봐(시 145:15-17). 하나님은 너에게 참되고 영원한 만족과 평안을 주시는 분이야!

🧑 그리스도인 친구들만 사귀어야 하는가?

우리와 신앙이 다르고 사는 방식이 다른 사람들과의 접촉을 피해서는 안 돼. 대신 그들에게 그리스도인의 본보기가 되어줄 수 있을 거야. 우리를 그리스도인이라고 비웃는 사람들에게도 하나님의 사랑과 용서의 복음을 전할 수 있어. 하나님은 우리 안에서 일하시므로 우리는 "흠이 없고 순전하여 어그러지고 거스르는 세대 가운데서 하나님의 흠 없는 자녀로 세상에서 그들 가운데 빛들로 나타낼" 거야(빌 2:15). 하나님의 길을 따르지 않는 사람들은 어둠 가운데 행하고 있어. 그리스도에 대한 우리의 믿음은 그들에게 빛이 되어, 그들을 그리스도와 그분의 구원의 말씀으로 이끌 거야.

친구들의 범위를 확장할 수 있는 방법들을 찾아봐. 그러면 믿음을 나눌 기회뿐만 아니라 하나님이 창조하신 사람들의 다양성을 알게 될 기회를 더 많이 갖게 될 거야. 우리는 다른 사람들의 신앙과 상관없이 온유함과 사랑으로 그들을 섬겨야 해.

우리는 모두에게 친숙한 사람이 될 수 있어. 행복한 미소, 쾌활한 인사는 사람들이 우리를 다정한 사람으로 여기는 데 큰 도움이 되지. 누구든 그런 인사를 무시하기는 어려우며, 다른 사람들이 우리에 대해 더 많이 알고 싶게 만드는 좋은 방법이야. 하나님은 우리에게 너무나 많은 복을 주셨는데, 특히 죄 사함과 영생을 주셨어. 감사할 것들을 생각해봐. 우리의 얼굴에는 미소가 떠나지 않을 거야.

더 생각해보기

- 만약 주기적으로 자위행위를 하고 있다면, 내 몸과 마음이 무엇을 배우게 될지, 그것이 결혼생활 속에서 나누게 될 성적 친밀감에 어떤 영향을 미칠지 생각해보자.

- 왜 그리스도인 친구들이 중요할까? 예수님을 모르거나 믿지 않는 친구들을 잘 섬길 수 있는 길은 무엇일까?

데이트와 이성교제 11

네가 한 번도 데이트를 해본 적이 없다고 해도 아마 생각은 해봤을 거야. 데이트는 일반적으로 외모나 성격에 매력을 느낀 사람과 만나는 것을 말해. 데이트의 목적은 나와 잘 맞는 사람과 결혼하기 위해 상대방을 알아가는 거야. 만약 한 남자가 한 여자와 데이트를 하며 사귀기로 했다면 그것은 일반적으로 그들이 서로를 유일한 만남의 대상으로 삼겠다는 의미야.

서로를 더 알아가기 위해 만남을 이어가는 데이트 말고, 육체적 목적만을 위해 만남을 갖는 경우도 있어. 이런 만남의 목적은 서로의 관계를 발전시키는 데 있지 않고 오로지 성관계를 갖는 데 있어.

지금은 특별히 이성교제와 데이트에 흥미가 없더라도 앞으로 건강한 데이트를 하기 위해서는 데이트에 대한 생각을 정리해볼 필요가 있어. 또 십 대들이 데이트를 하고 싶어 하는 이유들을 살펴보는 것도 도움이 될 거야.

십 대들이 데이트를 하는 이유

1. 혼자 있고 싶지 않아서
2. 인정받고 있으며, 가치 있는 존재라고 느끼고 싶어서
3. 친구들이 데이트를 하기 때문에
4. 가족의 영향력에서 벗어나 독립된 기분을 느끼고 싶어서
5. 어른스러운 행동을 따라해보고 싶어서
6. 또래 여자아이들과 친밀한 관계를 발전시키고 싶어서
7. 누군가 나와 함께 있고 싶을 만큼 나에게 관심을 가질 때 느껴지는 짜릿한 기분을 느끼고 싶어서

이 외에도 데이트를 하고 싶어 하는 많은 이유들이 있을 거야. 하지만 네가 데이트에 대해 갖고 있는 생각은 아직 이런 구체적인 이유들보다는 다음의 질문들에 더 가까울지도 몰라.

데이트에 대한 궁금증

1. 몇 살이 되어야 데이트를 시작할 수 있을까? 아직 데이트를 하고 싶지 않다면 문제가 있는 걸까?
2. 어떻게 하면 자연스럽게 내 감정을 보여줄 수 있을까?
3. 데이트를 신청하는 가장 좋은 방법은?

이런 질문은 아주 자연스러운 질문이야. 사춘기가 되면서 이성에 대한 호기심이 부쩍 많아지지. 하지만 사춘기는 감정적으로 많이 불안정한 시기란 사실을 너도 경험하게 될 거야. 한 여자 친구가 너무 좋았는데, 하루아침에 갑자기 싫어지는 경우도 있지. 그렇기 때문에 데이트는 너의 정서와 마음이 안정적으로 준비되었을 때 시작하는 것이 좋아. 그리고 부모님에게 물어봐. 너를 가장 사랑하시는 부모님이 네게 좋은 조언을 해주실 거야. 부모님의 생각이 너의 생각과 다를 수 있고, 그것 때문에 갈등이 생길 수도 있어. 부모님은 자녀가 어떻게 데이트를 하면 좋겠는지에 대한 원칙이나 최소한의 지침을 가지고 계실지도 몰라. 그 이유는 자녀가 잘되기를 원하시기 때문이지.

당장은 그렇게 느껴지지 않을 수도 있지만, 부모는 정말로 자녀와 자녀의 유익을 생각해. 하나님께서는 부모에게 자녀들을 사랑 많고 책임감 있는 그리스도인으로 성장시킬 책임을 주셨어. 그래서 하나님은 자녀에게도 부모를 사랑하고, 공경하고, 존중하라고 명하신 거야.

갈등을 다루는 가장 좋은 방법은 다투지 않고 서로의 차이에 대해 솔직하게 대화를 나누는 거야.

부모님께 "다른 아이들은 다 그렇게 해"라고 대드는 것은 도움이 되지 않아. 설령 그것이 사실이라 해도 말이야. 물론 상황에 따라 다르겠지만 가장 좋은 방법은 언제나 이해와 사랑으로 부모님과 협력하는 거야.

앞에서 언급했던 질문들에 대해 참고할 만한 몇 가지 답을 이야기해 볼게.

"몇 살이 되어야 데이트를 시작할 수 있을까? 아직 데이트를 하고 싶지 않다면 문제가 있는 걸까?"

데이트를 시작하는 시기에 대해서는 원칙이 없어. 데이트를 하고 싶지 않은데 누군가에게 무언가를 증명하려고 억지로 데이트를 할 필요는 없어. 하지만 여러 친구들과 함께 네가 하고 싶은 것들을 하면서 그 활동에 더 관심을 기울여봐. 그러다 한 여자아이에게 특별한 관심이 생긴다면, 좋은 일이야. 또래들을 위해 마련된 활동에 참여하는 것은 어느 나이대나 상관없이 좋은 일이야. 학교의 소모임, 함께하는 운동 경기 같은 것들이 있을 거야. 이런 식의 모임과 활동 안에서는 아무도 특정한 사람과 짝을 짓지는 않지만, 모두가 서로를 더 잘 알아가게 되지.

이렇게 그룹으로 시간을 보내면서 어떤 여자아이들의 관심사를 알게 되면 특별한 그룹 데이트를 할 수도 있어. 즉 두세 명의 남자아이들이 두세 명의 여자아이들과 함께 시간을 보내는 거야. 이런 식의 그룹 데이트나 더블데이트는 편안하고 건전한 분위기에서 서로를 알아갈 수 있는 좋은 방법이 될 거야.

모든 사람이 데이트를 한다고 해서 너도 꼭 데이트를 해야 하는 것은 아니야. 네가 참여하는 활동들에 충분히 만족감을 느끼고 있고, 이미 그런 활동들을 통해 여자아이들과 상호작용하는 시간이 많다면 억지로 이성교제를 하려고 할 필요는 없어.

예수님은 너의 삶에 만족을 주시는 분이야. 그리고 그 만족감은 여자친구와 이성교제를 추구함으로써 얻을 수 있는 게 아니야. 예수님이 너를 위해 죽으실 만큼 네가 가치 있는 사람이기 때문에 예수님이 너에게 확신을 주시는 거지. 예수님은 네가 영원히 그분과 함께하길 원하시며, 예수님을 믿을 때 그렇게 인도해주셔.

지금 너의 관계들이 장차 배우자와의 관계를 대비해 너를 어떻게 준비시켜줄 수 있는지를 생각해보는 것은 좋지만, 여자친구를 사귀려는 노력에 그렇게 많은 시간과 감정을 쏟을 필요는 없어. 특히 너의 영적, 육체적, 정서적 건강을 해치면서까지 말이야. 어떤 인간관계도 하나님의 헌신과 사랑의 수준을 따라갈 수 없어.

"어떻게 하면 자연스럽게 내 감정을 보여줄 수 있을까?"

네가 정신적으로 안정되고 경제적으로 상대방을 책임질 수 있는 나이라면 부모님도 네가 일대일 데이트를 하기에 적합한 시기라고 생각하시고 응원하실 거야. 데이트를 할 때는 정중하고 공손하게 대해야 해. 네가 그 친구의 진가를 알아보았다는 것, 단지 육체적으로 끌려서 데이트하려는 게 아니라는 것을 보여줘. 데이트는 분별력을 가지고 조심스럽게 시작해야 해. '나에게 득이 되는 게 뭐지?'라는 생각으로만 접근하지 않는 것이 중요해. 연인 관계는 자기중심적인 방법으로 다가가서는 안 돼.

마찬가지로, 어떤 일을 함께하고 있는 그 친구와 다음에도 데이트하는 것을 상상할 수 있는지 생각해봐. 계속 데이트 상대를 바꾸는 것은 네가 만나다 만 상대방의 행복은 물론 너의 정서적 행복에 해가 될 뿐이야. 반면에 어떤 관계에 (육체적으로나 감정적으로) 너무 깊이, 또는 너무 빨리 빠져들면 그 관계가 끝났을 때 역시 감정적으로 상처를 입을 수 있어.

이미 얘기한 것처럼, 네가 데이트에서 얻을 수 있는 것만 보려고 하지 마. 그런 접근은 이기적인 거야. 그래서는 데이트 때 상대방을 존중하는 태도를 전달할 수 없어. 다른 사람을 무시하는 것은 또한 하나님과 하나님의 백성에 대한 하나님의 뜻을 무시하는 거야.

육체적 관계를 목적으로 한 만남은 건강한 관계를 위한 하나님의 뜻이 아니야. 대부분 이런 만남은 진정한 관계로 이어지지 않아. 진정한 관계를 위한 노력을 기울이지 않기 때문이지. 데이트나 연애를 손쉽게 대체할 대용품에 불과하며, 관련된 사람들에게 상처만 주고, 복잡하고 혼란스럽게 만들 뿐이야.

이런 만남은 순간을 위해 사는 이기적인 방법이며, 감정적 만족감이나 성취감에 이르지 못할 거야. 그것은 어떤 사람을 성적인 파트너로 이용하고 그 사람을 특별하거나 가치 있는 존재로 느끼도록 존중하지 않아.

유혹이 커지는 상황들을 피하도록 해. 하나님의 영이 너를 인도해주시기를 기도하렴. 하나님의 명령을 기억하고, 그분이 성관계를 결혼생활로 제한하시는 합당한 이유들을 기억해. 그리스도가 너와 너의 데이트를 얼마나 사랑하시는지, 또 그분이 십자가 위에서 너를 위해 자신을 내어주신 것을 기억해.

"데이트를 신청하는 가장 좋은 방법은?"

시간, 장소, 데이트의 성격을 알려주며 솔직하게 물어보는 것이 좋아.
"금요일 밤에 학교 밴드 콘서트에 갈래? 7시쯤 가면 될 것 같은데."
이렇게 묻는 것이 "다음 주 금요일에 뭐해?"라고 묻는 것보다 훨씬 더 나아. 이런 말은 마치 아무 계획 없이 그저 묻는 것처럼 보이기 때문이야. 더 안 좋은 것은 "넌 나랑 사귈 마음이 없는 것 같은데, 정말 그래?"라고 묻는 거야. 이런 말은 확신이 없다는 것을 드러내며, 이런 말을 듣는 상대방이 꼭 거절해야 할 것 같은 느낌을 주거든.

"데이트할 때 무엇을 하는 것이 좋을까?"

네가 데이트를 할 준비가 되었고, 또 하고 싶다 하더라도 시작은 언제나 쉽지 않아. 아마도 상대방에게 무언가를 묻는 것이 긴장되고 두려울 수 있어. 하지만 너는 자신감을 가져! 하나님은 너를 특별한 사람으로 만드셨어.
데이트 때 너무 많은 것을 하려고 하지 말고 간단하고 쉬운 일들을 해봐. 영화를 보거나 쇼핑을 하거나 친구들 모임에 가는 것 등 말이야. 다른 커플들과 함께 시간을 보내거나 활동을 하면 네가 무슨 말을 해야 할지 모를 때 어색함이 덜할 것이고 네가 정한 적절한 행동의 기준선을 넘어갈 유혹이 줄어들 거야.

"나는 여자친구를 어떻게 대하고 있는가? 여자친구가 나에게 바라는 것은 무엇일까?"

데이트의 목적은 서로를 알아가고 관계를 맺도록 돕는 거야. 그룹으로 만나든 단둘이 만나든 간에, 너 자신과 다른 모든 사람들을 존중해야 한다는 것을 명심해야 해. 예수님은 너와 그들 모두를 위해 죽으셨어. 너는 믿음을 통해 하나님의 자녀가 되었으므로 말과 행동으로 너의 삶 속에서 그분의 임재를 증거할 수 있어. 네가 데이트를 한다고 해서 여자친구와 관련된 다른 약속이 의무가 되는 것은 아니야.

일부 그리스도인 청년들은 그들이 미래의 배우자에게 바라는 것들을 목록으로 작성하고, 그런 요건을 갖춘 사람과만 데이트를 하려고 해. 연애는 일생을 함께할 배우자를 얻기 위한 행동이나 활동들을 의미하는데, 연애의 과정에서 커플들은 각자 잠재적 배우자로 여기는 사람들과 로맨틱한 관계를 발전시켜나가는 거야.

성적 행동의 압력

또래 아이들이 자위나 성관계 경험에 대해 자랑하듯 이야기하는 것을 들어본 적이 있을 거야. 그런 이야기를 들어보면, 마치 무슨 게임이나 시합에 나간 것처럼 들리지. 그런 사람들은 자기가 다른 사람보다 더 많이 알거나 더 많은 것을 해보았다는 것을 드러내고 싶어 해. 물론 과장된 이야기가 많을 거야. 심지어 거짓말도 있을 거야. 하지만 그런 친구들의 이야기는 그런 경험이 없는 사람에게 자신이 열등하고 비정상적이며, 적어도 친구들과 다르다고 느껴지게 해.

또래들로부터 오는 이런 압력은 성적 순결에 대한 갈망과 하나님의 거룩한 뜻을 포기하게 하고, 다른 사람에게 무언가를 입증하기 위해 성적인 행동들을 하게 만들기도 해. 하지만 시간이 지나면 이런 일들이 후회로 다가오게 될 거야.

이성과 관계가 진지해지면 여자친구와 키스하거나 포옹을 하는 등 신체적 접촉을 하기 원하는 자신을 발견하게 될 거야. 하지만 곧 무엇이 옳은 것인지에 대한 선을 그어야 할 필요성도 느끼게 될 거야.

어떤 청소년들은 유사 성행위를 하면서 그것은 성관계가 아니기 때문에 괜찮다고 생각하기도 해. 하지만 어떤 것이든 성적인 행위들은 결혼 생활 안에서만 허락된 것이며, 하나님의 자녀들이 성적으로 순결을 지키기 원하시는 하나님의 뜻에 어긋나는 거야.

가장 좋은 지침은 서로 절제할 수 있는 수준을 넘게 하는 신체적 접촉에 선을 긋는 거야. 선을 그어놓고, 그 선을 넘어갈 가능성을 가져올 만한 상황들을 피한다면 서로의 관계를 건전하면서도 즐겁게 만들어갈 수 있을 거야. 너 자신과 상대방을 존중할 수 있게 될 거야.

예를 들면, 어른이 계시지 않은 집에 단둘이 함께 있지 말아야 해. 영구적인 헌신이 없는 사랑은 아주 얄팍해. 다른 사람들을 향한 우리의 사랑은 우리를 향한 하나님의 사랑에 기반한 거야. 따라서 하나님의 도우심으로, 다른 사람들과의 모든 관계에서 그 사랑의 본을 보이려고 노력해야 해.

무엇보다 그리스도인으로서 우리는 하나님의 성령의 능력을 구할 수 있다는 것을 기억해.

"너희는 성령을 따라 행하라 그리하면 육체의 욕심을 이루지 아니하리라 … 육체의 일은 분명하니 곧 음행과 더러운 것과 호색과 … 그와 같은 것들이라 … 오직 성령의 열매는 사랑과 희락과 … 절제니 … 만일 우리가 성령으로 살면 또한 성령으로 행할지니"(갈 5:16-25).

SNS에서의 성적인 접근

때로는 어떤 사람이 휴대폰이나 다른 장치를 통해 성적으로 노골적인 메시지나 이미지를 보내는 일이 일어나기도해. 하지만 이런 대화는 하나님께서 기뻐하시는 일이 아니야. 그것은 또한 심각한 범법 행위이며, 일부 십 대들은 아동 음란물을 제작하고 배포한 혐의로 체포되기도 해.

몸은 하나님의 놀라운 선물로서 존중받아야 하지만, 이러한 대화는 몸의 가치를 떨어뜨리고 개인의 만족을 위한 성적 대상으로 취급해. 육체적인 매력과 정욕을 중심으로 한 관계는 지속되지 못할 것이며 감정적 고통만 초래할 거야.

다시 말하지만, 다른 성적 유혹과 마찬가지로 하나님의 말씀을 마음에 새겨두는 것이 이런 일을 방지하는 데 가장 도움이 될 거야.

"무엇에든지 참되며 … 무엇에든지 정결하며 무엇에든지 사랑받을 만하며 … 이것들을 생각하라"(빌 4:8).

혹시라도 이런 대화를 시도하는 사람을 만난다면, 그 대화가 불편하다고 상대방에게 말하고 주제를 전환해. 그럼에도 이런 대화를 계속하려 한다면 그 메시지에 답하지 말고, 필요하다면 발신자를 아예 차단하고 부모님이나 믿을 만한 어른들에게 도움을 요청해.

오락처럼 즐기는 성

우리의 문화와 미디어, 어쩌면 친구들까지도 결혼생활 외의 성생활이 지극히 정상적이라는 생각을 받아들이라고 강요할 거야. 심지어 십 대 시절과 청년 시절에 당연히 거쳐야 할 통과의례라고까지 말하기도 해. 마귀도 우리에게 이런 관점을 받아들이라고 부추길 거야. 이런 세력들,

즉 세상과 마귀와 우리의 죄악된 본성은 우리를 성적인 죄에 빠뜨리려고 애쓰지.

결혼생활 밖의 성관계와 하나님의 선물인 성을 남용하는 성적 문란함은 하늘에 계신 우리 아버지, 오직 우리에게 가장 좋은 것만 주기 원하시는 하나님의 뜻에 불순종하는 거야. 그리고 그것은 해로운 결과들을 가져오지. 결혼생활 밖의 성적 행위는 자기 자신과 다른 사람에 대한 우리의 태도에 부정적인 영향을 미쳐. 그래서 바울은 이렇게 말했어.

"음행을 피하라 사람이 범하는 죄마다 몸 밖에 있거니와 음행하는 자는 자기 몸에 죄를 범하느니라 너희 몸은 너희가 하나님께로부터 받은 바 너희 가운데 계신 성령의 전인 줄을 알지 못하느냐 너희는 너희 자신의 것이 아니라 값으로 산 것이 되었으니 그런즉 너희 몸으로 하나님께 영광을 돌리라"(고전 6:18-20).

요즘 시대는 거의 모든 사람이 결혼 전에 성관계를 하지 않나?

혼전 성관계는 죄악된 것이지만 결혼생활 안에서의 성관계는 유익하고 권장되기까지 하는 이유가 무엇일까? 하나님은 성이 남편과 아내 사이에서 사랑의 가장 고귀한 표현이 되도록 계획하셨어. 결혼생활에서 성관계는 남편과 아내를 '한 몸'으로 결합시키지. 하나님의 선물인 성을 남용하는 것은 우리 자신에 대한 생각뿐 아니라 다른 사람들에 대한 생각과 그들을 대하는 태도에도 부정적인 영향을 미쳐.

성경은 혼전 성관계나 결혼한 사람이 배우자가 아닌 사람과 성관계를 하는 간음에 대해 경고해. 두 가지 죄 모두, 남자나 여자가 자신의 이기적인 욕망에 굴복하고 하나님의 법을 무시하는 거야. 결혼할 때까지 성관계를 갖지 않기로 결단함으로써 너는 하나님의 법에 순종하고, 또 하나님이 너에게 주기 원하시는 모든 복을 받을 준비를 하는 거야.

이런 죄에 굴복하는 많은 사람들이, 결혼은 하지 않았지만 서로 사랑하니까 성관계를 가져도 괜찮다고 주장해. 하지만 "내 쾌락이 먼저야. 하나님이 뭐라고 말씀하시든, 내가 다른 사람과 성관계를 가져서 아내에게 상처를 주면 어떤 일이 발생할지는 생각하지 않겠어"라고 말하는 것은 대체 어떤 사랑일까? 그것은 사랑이 아니라 정욕이야.

예수님이 마태복음 5장 28절에서 '음욕을 품고' 보는 것과 마음속의 '간음'에 대해 말씀하신 것은, 하나님이 창조하신 이성에게 건강한 이유로 관심이나 호감을 갖는 마음에 대한 것이 아니야. 예수님은 그 욕구를 이기적으로 악용하는 것에 대해 말씀하신 거야. 사랑은 상대방에게 관심을 가지고 돌보지만, 정욕은 자신의 쾌락을 위해 다른 사람을 이용해.

"남편들아 아내 사랑하기를 그리스도께서 교회를 사랑하시고 그 교회를 위하여 자신을 주심같이 하라"(엡 5:25).

그리스도가 너를 어떻게 사랑하시는지 기억해! 그것이 남편과 아내가, 그리고 데이트를 하는 모든 청소년과 청년이 정욕을 버리고 사랑 안에서 성장할 수 있는 방법이야.

피임

피임이란 뭘까? 피임은 성관계를 갖는 사람들이 임신을 막기 위해 사용하는 방법이야. 여러 가지 방법이 있는데, 가장 확실한 것은 하나뿐이야. 성관계를 갖지 않는 것이지.

많은 그리스도인들이 피임을 하는 동기에 대해 걱정해. 특히 부부가 아이를 원하지 않고 자녀 양육의 책임을 지고 싶지 않은 경우에 더 그렇지. 하나님께서는 결혼한 부부에게 출산의 복을 주셨어(창 1:28). 일부 교회들은 자연 피임법만 허용하는데, 다른 방법들은 하나님의 뜻에 어긋나는 것으로 여기기 때문이야. 그들은 임신의 시기나 여부를 하나님이 결정하신다고 생각해. 그리스도인들이 주로 걱정하는 또 한 가지는 일부 피임법들이 수정 이후, 즉 생명이 만들어진 이후에 수정체를 강하게 공격할 수 있다는 점이야.

피임은 결혼한 부부가 언제 자녀를 가질지, 몇 명이나 낳을지에 대해 매우 신중하게 계획할 수 있게 해주지. 피임법들은 손쉽게 이용할 수 있고 어느 정도는 임신의 두려움을 없애주기 때문에 결혼을 하지 않은 사람들이 더 많이 성관계를 갖도록 부추겨온 것이 분명한 사실이야.

그럼에도 여전히 결혼 전에 임신하는 경우가 많아지는 이유는 뭘까? 한 가지 이유는, 많은 미혼자들이 애써 피임법을 사용하려 하지 않는다는 거야. 게다가 어떤 피임법도 100퍼센트 효과는 없어. 많은 방법들이 약 20퍼센트의 실패 확률을 갖고 있는데, 이는 100명의 여성 중 20명이

1년 내에 의도치 않은 임신을 경험하게 될 것이라는 의미야. 우리 사회에서 피임을 논의할 때 '안전한 성관계'라는 용어를 자주 듣게 돼. 그러나 많은 방법들이 실패 확률을 갖고 있기 때문에 성관계를 갖지 않는 것만이 진정으로 안전한 피임법이야. 즉 금욕만이 100퍼센트 효과가 있는 피임법이지. 그것은 하나님이 계획하신 방법이야!

금욕은 결혼생활을 위해 친밀한 성적 활동을 보류하는 것을 의미해. 하나님의 말씀은 결혼생활 외의 친밀한 성적 행위를 금하고 있으므로 하나님에 대한 순종은 성적 친밀함을 누리기 위해 결혼할 때까지 기다리는 것을 포함해.

젊은 사람들에게 성관계를 가져야 한다는 압박감이 클 때 기다림은 특히 어려워. 그러나 하나님은 우리 혼자 이런 싸움과 유혹들에 맞서도록 내버려두지 않으셔. 하나님의 말씀으로 우리를 강하게 하시고 용기를 주시며, 요셉이 보디발 아내의 유혹을 피하고 뿌리칠 수 있게 해준 동일한 능력을 우리에게 주셔(창 39장 참조).

혼전 임신

지금은 임신을 피하기 위한 피임 장치들이 이전보다 더 많아졌고 또 쉽게 구할 수도 있어. 그럼에도 결혼하지 않은 여성과 아직 어린 청소년들이 임신을 하는 경우는 더 늘어났어. 심지어 그리스도인 가정의 자녀들도 그래. 아마 이런 현실적인 문제를 경험하고 있거나 경험해본 청소년을 알고 있을지도 모르겠다. 그것은 남자아이와 여자아이 모두에게 관련된 문제야. 여자아이가 임신을 하려면 남자아이가 있어야 하기 때문이야. 미국에서는 전체 출산의 10퍼센트가 19세 미만의 어린 엄마로부터 이루어진다고 해.

남자아이가 여자아이를 임신시켰다면, 그 아이는 잉태된 아이에 대해 책임을 함께 지게 돼. 그와 아이의 엄마는 결혼하기로 결정할지도 몰라. 만일 그렇다면 그들은 앞으로 직면할 어려움들을 인식하고 있어야 해. 예를 들어, 어린 나이에 하는 결혼은 충분히 성숙한 후에 하는 결혼에 비해 이혼으로 끝날 확률이 2,3배 더 높아. 또한 결혼이 학교를 다니거나 자기 능력을 개발하는 일을 방해하거나 중단시킬 수 있어. 그럼에도 불구하고 아빠와 엄마에게 희생하려는 의지가 있다면 그 결혼이 성공할 수 있어. 그들이 죄를 용서해주시고 힘을 주시는 하나님을 믿고 의지한다면, 서로에 대한 사랑과 자녀에 대한 사랑을 키워갈 수 있지.

수많은 미혼모들은 낙태를 선택해. 즉 아이가 태어나기 전에 자신의 배 속에서 아기(배아 혹은 태아)가 죽게 하는 거야. 미국에서는 전체 임신의 22퍼센트가 낙태로 끝난다고 해. 2011년에 미국에서는 100만 건 이상의 낙태가 행해졌어. 낙태 비용은 아이의 아빠가 지불하는 경우가 많아. 그러나 낙태는 끔찍한 죄야! 오직 하나님만이 생명을 주시고 또 가져가실 수 있어. 배아나 태아를 죽이는 것은 한 인간을 죽이는 거야.

어떤 미혼모들은 아기를 낳은 후에 입양을 결정할지도 몰라. 아기를 키워줄 수 있는 가정에게 아기를 맡기는 것이지. 자기 자식을 포기하는 아픔을 선택한 어린 엄마와 아빠, 그리고 사랑 많은 양부모에게 입양되는 자녀는 하나님의 이 말씀 안에서 특별한 의미를 발견할 거야.

"하나님이 그 아들을 보내사 여자에게서 나게 하시고 … 우리로 아들의 명분을 얻게 하려 하심이라 너희가 아들이므로 하나님이 그 아들의 영을 우리 마음 가운데 보내사 아빠 아버지라 부르게 하셨느니라"(갈 4:4-6).

어떤 어린 엄마들은 아기를 낳아 기르기로 결정해. 어쩌면 부모의 도움이나 아이 아빠로부터 경제적 도움을 받기도 할 거야. 어린 엄마는 자기 스스로 아기를 돌보면서 계속 학교에 다니는 것이 힘들다는 걸 알게 될 거야. 그녀가 나중에 결혼을 하기는 더욱 어려울 거야.

그러나 이 선택은 한 생명을 구해. 결혼 전에 성관계를 갖기로 선택한 것은 안타까운 일이지만, 아기를 낳음으로써 하나님의 뜻을 따르지 않는 또 하나의 나쁜 선택, 즉 낙태를 막게 된 거야. 하늘에 계신 우리 아버지께서 아기 엄마에게 필요한 도움과 힘을 주실 거라고 믿을 때 아기를 낳고 기르는 일을 해낼 수 있어.

어느 경우든, 계획하지 않은 임신과 관련된 모든 이들에게 친척들과 친구들의 강한 지원과 용서하는 사랑이 필요해. 그들 대부분은 자신들의 죄를 인식하고 있어. 그들에게는 그리스도 안에서 주어지는 하나님의 용서의 말씀이 필요해. 또한 그들에게는 자신의 삶과 태어날 아기에 대한 하나님의 뜻을 찾기 위한 도움이 필요해. 아기의 출산과 관련된 상황이 어떠하든 간에, 각 개인은 하나님이 사랑하시고 그분의 아들 예수 그리스도께서 구속하신 자야.

성병

성병이란 뭘까? 성병은 감염된 사람과 성적으로 친밀한 관계를 가짐으로써 걸리는 병을 말해. 성병은 종류도 많고 위험한 경우도 많아. 가장 흔한 것은 클라미디아, 헤르페스, 매독, 인유두종 바이러스(HPV), 임질, 트리코모나스증, 에이즈(HIV/AIDS)지.

클라미디아균은 요도를 감염시키고 성기에 염증이나 상처를 일으켜 불임을 가져올 수 있어. 단순 헤르페스바이러스(2형)는 생식기 헤르페스라고 하며, 생식기에 물집이 생기는 질병인데 가려움과 통증을 동반해.

매독의 징후는 감염된 지 10~90일 후에 생식기나 생식기 근처에 궤양 형태로 나타나는 경우가 대부분인데, 궤양이 나타나지 않는 경우도 있어.

인유두종바이러스(HPV)는 생식기에 사마귀가 나는 성병으로, 자궁경부암을 일으키기도 하지. 결혼생활 밖에서 성관계를 갖는 사람들의 수가 늘어나는 추세로 볼 때, 계속 이런 생활을 하는 사람이라면 누구나 일생에 한 번은 HPV에 감염될 것이라고 봐. HPV의 확산을 막는 데 도움이 되는 백신이 있지만, 그리스도인들의 경우 결혼생활 외의 성관계를 갖지 않는 것이 하나님을 기쁘시게 하는 예방법이야. 결혼 전 유혹에도 불구하고 성적으로 순결을 지킨 남편과 아내는 성병에서 자유로운 삶을 누릴 수 있어.

임질에 감염된 남자에게서는 감염 후 3~8일 정도 지나 음경에서 희끄무레한 분비물이 나오기도 하지만, 눈에 띄는 증상이 없을 수도 있어. 여자는 일반적으로 조기 증상이 없어. 하지만 이 병의 결과는 심각해.

트리코모나스증의 증상에는 희끄무레한 분비물과 가려움이 포함되지만, 대부분의 남자에게서는 증상이 발견되지 않아. 트리코모나스증은 자궁경부암이나 미숙아를 낳게 될 가능성과 관련이 있어.

많은 성병은 조기 진단과 의학적 치료에 의해 치료될 수 있어. 하지만 그 병들은 조기에 자각 증세가 없는 경우가 많기 때문에 많은 사람들이 이런 병에 걸렸는지 모르고 치료를 받지 않아. 클라미디아, 매독, HPV, 임질은 치료하지 않으면 아주 심각한 결과를 가져와. 실명, 심장병, 불임, 암, 심지어 사망에 이를 수도 있지. 헤르페스는 일반적으로 생명을 위협할 정도의 병이 아니지만 치료법이 없어. 그것은 평생 지속되는 병이야. 생식기에 난 사마귀는 치료할 수 있으나, HPV는 치료법이 없어.

1981년에 의사들은 에이즈(HIV/AIDS)라는 새로운 병에 대해 보고하기 시작했어. 그것은 대부분 성적인 접촉이나 주사기를 공유함으로써 개인 간에 전염될 수 있는 바이러스야. 이 병은 개인의 면역 체계를 공격해서 다른 질병들과 싸울 수 있는 능력을 손상시켜. 그래서 몸은 폐렴, 수막염, 암처럼 생명을 위협하는 다른 모든 질병에 쉽게 걸릴 수 있어. 에이즈는 아직까지 치료법이나 예방 백신이 없어.

에이즈 환자들이 다 성관계를 통해 병에 걸리는 것은 아니야.＊ 어떤 사람들은 불법 약물을 주사할 때 감염된 주사기를 나눠 쓰면서 병에 걸려. 어떤 사람들은 오염된 혈액을 수혈 받으면서 감염되기도 해.

＊ 에이즈 환자들이 모두 성관계를 통해 걸리는 것은 아니지만, 우리나라의 실제 통계를 살펴보면 에이즈 환자의 90퍼센트가 넘는 비율이 남성동성애자 간 성접촉이 그 원인인 것으로 파악되고 있어. 해당 내용을 통계 자료에서 인용하였으니 참고하렴.

우리나라의 HIV/AIDS 역학적 특성

• 지난 1985년 우리나라에서 최초 HIV 감염인이 발생된 이후 2014년 말에 이르기까지 내국인 중에서 발생이 확인된 누적 HIV 감염인 수는 총 11,504명으로 집계되고 있다. 이중 1,889명은 사망하였으며 9,615명이 생존하고 있다. 우리나라의 경우 아직 HIV/AIDS의 역학적 변천 과정의 초기 단계이며, 대부분 성접촉에 의하여 확산되고 있다.

- 남성이 10,630명(92.4%), 여성이 874명(7.6%)으로 남녀 성비는 대략 12:1 수준임.

- 20대 2,812명(24.4%), 30대 3,229명(28.1%), 40대 2,624명(22.8%)로서 20~40대 연령층이 전체의 75%가량을 점유하고 있음.

- 역학조사를 통해 감염경로가 밝혀진 사례의 대부분인 99%가량은 성접촉으로 인한 감염사례였음. 그중 이성 간 성접촉과 동성 간 성접촉으로 인한 감염사례의 비는 대략 6:4(3,364명 : 2,216명)로서 이성 간 성접촉이 더 많은 것으로 조사되나 전체 HIV 감염인의 91.7%가 남성임과 동성애자 역학조사의 어려움 등을 고려할 때 남성동성애자 간 성접촉이 주요 전파경로일 것으로 판단됨.

제4차 국민건강증진종합계획(Health Plan 2020, 2016~2020) 중에서 인용

어떤 이들은 태어날 때부터 병을 갖고 있는데, 그 원인은 감염된 어머니가 모태에서, 또 후에는 모유를 통해 아이에게 에이즈를 전염시킬 수 있기 때문이야. 그럼에도 불구하고 대다수의 에이즈 환자들은 성적 접촉에 의해 이 병에 걸려. HIV 바이러스에 양성 반응을 보일 때까지 6개월이 걸릴 수 있고, 또 중상이 나타나기까지 10년에서 15년이 걸릴 수 있어.

주로 성적 접촉에 의해 감염되는 이런 질병을 예방하려면 결혼생활 밖의 성관계를 삼가야 하며 결혼생활에 충실해야 해. 의사들이 이 질병들의 치료법을 연구하고 있지만 환자는 점점 더 늘어나고 있어. 게다가 성생활을 하는 십 대들의 수가 늘어나면서 성병에 걸리는 십 대들의 수도 해마다 늘어나고 있어. 혹시라도 내가 이런 병에 걸렸을까 걱정이 된다면 바로 병원에 가서 확인해보는 게 좋아.

청소년이 성인으로 성장하는 동안 의심과 실망, 좌절감을 느낄 때가 있을 거야. 심지어 거의 절망에 이르는 순간도 있을 거야. 하나님께서 육체적 성장과 사회적 성장이 동시에 일어나는 시기를 만드신 데는 합당한 이유가 있어.

그러한 성장의 시간이 지나가면 어느덧 성인이 될 준비가 되어 있을 거야. 이 시기에 자신과 다른 사람에 대해, 또 성인으로서 하나님을 기쁘시게 하는 관계를 맺는 법에 대해 많은 것을 배우게 되지.

관계를 발전시키는 데는 시간이 필요해. 하룻밤의 성관계는 너에게 결혼에 대해 아무것도 가르쳐주지 않을 거야. 결혼은 성관계보다 훨씬 더 많은 것을 포함하기 때문이야.

하나님이 계획하신 성관계는 다른 사람에 대한 사랑을 반영하는 것이지, 어떤 사람을 알아가기 전에 일어나는 일이 아니야. 건강한 데이트나 연애는 다른 사람들과 소통하고, 갈등을 해결하며, 다른 사람들을 용서하는 좋은 경험을 갖게 해줄 거야. 관계는 많은 즐거움과 성취감을 가져다줄 수 있어. 그 이유는 네가 특별하다는 것을 다른 사람이 너에게 보여주고 있기 때문이야.

그러나 우리의 참된 가치와 만족은 우리가 하나님의 자녀요 그리스도 안에서 형제자매임을 아는 데서 온단다. 의미 있는 관계, 즉 언젠가 아내가 생기리라는 것은 대부분의 젊은 남자들이 갈망하는 것이지만, 우리의 확신은 언제나 예수님에 대한 믿음을 통해 발견되지. 예수님은 언제나 우리와 함께 계시고, 언제나 우리에게 신실하시며, 언제나 우리를 조건 없이 사랑하실 거야.

- 부모님은 나의 데이트에 대해 어떤 생각을 갖고 계실까?

- 데이트는 왜 하는 걸까? 데이트를 할 때 어떻게 내 믿음을 나타낼 수 있을까?

- 성관계는 두 사람의 몸과 영이 연합하는 것을 의미한다고 하는데, 그렇다면 한 사람이 여러 사람과 성관계를 갖는 것은 어떤 의미일까?

- 성관계에 대한 하나님의 계획은 무엇일까? 우리가 결혼 전에 성관계를 갖지 않는 이유는 무엇인지 생각해보자.

너는 가족이 좋아?

물론이지. 난 가족이 정말 좋아.
하지만 종종 말다툼도 하고 싸우기도 해.

우리도 그래. 그래도 여전히 서로를 사랑하지!

우리도 마찬가지야. 다만, 가족끼리 서로의 말을
좀 더 잘 들어주면 좋겠다고 생각해.

부모님 때문 아닐까? 부모님은 도무지 내 말을 듣지 않으셔.

음…, 우리 부모님은 내가 그렇다고 하시던데.

가족과 잘 지내기

12

어떻게 하면 부모님이 내 말을 들어주실까?

최근 들어 가족들과 의견이 맞지 않을 때가 많아지지 않았니? 이런 갈등이 유쾌하지는 않지만, 사실 우리 가정뿐 아니라 대부분의 가정에서 꽤 흔하게 일어나는 일이야. 이런 일들이 가정이 무너지고 있다거나 한 가족이 되려는 노력이 실패하고 있다는 걸 의미하지는 않아. 오히려 부모와 자녀가 새로운 역할에 적응하고 있다는 의미일 수 있어. 만약 부모와 자녀가 모두 이런 일들을 성장의 한 부분으로 여긴다면, 그 순간들이 서로에게 교훈이 되면서 새로운 역할들을 이해하고 더 잘 받아들이도록 도와줄 거야. 하지만 그렇더라도 이런 과정들은 어려울 수 있어.

넌 이미 성과 성장에 대해, 그리고 데이트로 인해 벌어질 수 있는 일들에 대해 들었어. 그 외에도 너나 네 친구들이 실제로 부모님과 갈등을 겪었던 일들을 떠올릴 수 있을 거야. 그 모든 영역에서 언쟁하는 문제들이 큰일이든 작은 일이든, 서로가 오해하게 되는 큰 원인 중 하나는 어느 한 쪽이 상대방의 말을 진심으로 들어줄 마음이 없는 데 있단다. 부모와 자녀는 둘 다 자신의 입장에 대한 강한 확신을 가지고 있기 때문에 어느 쪽도 다른 관점을 고려하려 하지 않아.

네가 지금 그런 상황이라면, 다른 사람의 말을 경청하는 시간을 갖는 것이 도움이 될 거야. 언쟁을 잠시 멈추고 그렇게 화가 나는 이유를 생각해보는 것도 도움이 될 테고.

'정말로 그것이 그럴 만한 일인가? 왜 그것이 우리에게 그렇게 중요한 일이 되었을까?'

누가 옳고 그른지를 결정하려 하기보다는 사랑과 이해하는 자세로 의논해봐. 말다툼이 시작되고 나중에 후회할 만한 말과 행동을 하기 전에, 하나님께 자제심과 인내심을 주시길 기도해.

분명 너는 부모님이 기대하는 모든 일을 해내지는 못할 거야. 설령 하고 싶다고 해도 그러지 못할 거야. 부모님도 말이나 행동에 있어 너를 실망시킬 때가 있을 거야. 너와 너의 가족을 위한 하나님의 계획은 각 사람이 서로를 기꺼이 용서하고, 나누고, 성장하며, 사랑 안에서 함께 배우려 하는 모습이야.

무조건적인 사랑은 예수님이 보여주시는 사랑이야. 그 사람이 누구든, 그들이 무엇을 했든 간에 예수님은 용서하셔. 가족들도 그런 사랑을 할 수 있어. 의견충돌과 갈등이 있고, 심지어 싸우게 되더라도 부모와 자녀는 여전히 사랑을 나타낼 수 있어. 가족의 관계는 너무도 중요해서 계속 성장시키고 견고해져야 해. 용서는 관계를 회복시키기 위한 해답이야. 의견이 일치하지 않음에도 불구하고, 가정은 문제를 논의하고 질문을 주고받기에 가장 행복하고 안전한 장소가 될 수 있지. 하나님의 말씀은 우리에게 "분을 내어도 죄를 짓지 말며 해가 지도록 분을 품지 말라"라고 알려준단다(엡 4:26). 즉 그리스도가 너를 용서하신 것처럼 용서하렴!

 왜 우리 부모님은 나를 가만히 내버려두지 않을까?

부모는 자녀가 그들의 생각보다 더 많은 일들을 스스로 책임질 수 있다는 것을 이해하지 못할 때도 있고, 반대로 너무 많은 것을 기대할 때도 있어. 때로는 부모의 행동들은 자녀를 정말 사랑하고 그들에게 가장 좋은 것을 주기 위함이란 사실을 자녀가 잊기도 하지. 또한 부모에게는 좋을 때나 힘들 때나 정성껏 키우고 보살펴온 자녀를 놓아주는 것이 매우 어려운 일일 수 있어. 때로 자녀의 성장은 부모에게 그들이 나이가 들고 있음을 상기시켜주는 일이기도 하거든. 그렇기에 부모와 자녀는 서로가 인내와 이해, 그리고 하나님의 사랑 안에서 사랑과 용서를 나누는 것에 대해 많은 것을 배울 수 있어. 모든 다툼의 순간에 하나님의 임재가 있다면 많은 가시들이 없어질 거야.

이런 이해가 갈등의 영역들을 없애버리지는 못할 거야. 하지만 그 영역들은 여전히 있을 거야. 부모는 계속해서 자신들이 젊었을 때 가졌던 것이나 갖지 못했던 것을 자녀에게 상기시킬 거야. 그들이 되고 싶었으나 되지 못했던 모습으로 자녀를 만들어가려 할 거야. 어쩌면 자녀는 전혀 관심이 없는데도 그들이 원하는 전문직을 갖도록 압박할지도 모르지. 부모는 계속해서 이성이든 동성이든 자녀가 친구를 선택하는 일에도 목소리를 내려 할 거야.

하지만 만일 부모님의 말을 듣고 이해하려고 노력한다면, 자녀가 하는 모든 일을 비난하는 것 같은 그 말들 어딘가에 담겨 있는 약간의 지혜와 많은 사랑과 이해를 듣게 될 거야. 그리고 때로는 부모님이 옳을 수도 있어!

어쩌면 한부모 가정에서 자라는 친구가 있을지도 모르겠다. 그런 가정의 수가 점점 증가하면서 특별한 돌봄이 필요한 십 대들이 늘어나고 있어. 그런 가정을 꾸려나가는 일은 한부모들에게 특히 어려운 일이야. 그들은 아마 자녀가 그들의 짐을 조금 더 져주기를, 어쩌면 부모가 모두 있는 가정에서 자라는 아이보다 더 빨리 자라주기를 기대할 수도 있어. 이런 가정에서 자라는 아이들은 때로 가정의 변화 속에서 어느 자리에 있어야 하는지 의문이 들면서 불안감을 느낄 거야. 그것은 쉬운 일이 아니야. 하지만 하나님은 그런 상황에서 오히려 성령의 특별 조치를 공급해주겠다고 약속하셨어.

너의 가정환경이 어떠하든, 한부모와 살든 양쪽 부모와 살든, 혹은 양부모와 살든, 너를 괴롭히는 동생들이 있든, 아니면 끊임없이 비교당하는 형제자매들이 있든 간에, 너의 가족은 너에게 주신 하나님의 선물이며 너는 너의 가족에게 주신 하나님의 선물이야. 너에게도 가족이 선물로 느껴지지 않을 때가 있을 것이고, 어쩌면 가족들도 너에 대해 그렇게 느낄 때가 있을지도 모르지. 그러나 가족은 하나님의 계획이고 설계이며, 하나님은 바로 거기서 너와 너의 가족들과 함께 계시며 그분의 말씀으로 너를 인도하시고 강하게 하실 거야.

더 생각해보기

- 십 대들과 부모들이 그렇게 자주 충돌하는 이유는 뭘까?

- 부모와 자녀들은 왜 서로의 말을 경청하는 시간을 가져야 할까? 항상 용서할 준비가 되어 있는 것이 왜 중요하지?

- 하나님의 사랑과 용서가 가족의 일상생활에 어떤 변화를 일으킬 수 있을까?

새로운 나

청소년기를 지나고 있는 바로 지금이 너에게는 정말 흥미롭고 기대되는 시기야! 몸이 성장할 뿐 아니라 하나님과 가족, 다른 남성이나 여성과의 관계도 지속적으로 성장하게 될 거야. 네 앞에는 빛나고 흥미진진하며 하나님이 너에게 주신 것을 사용할 기회들로 가득한 날들이 몇 년 동안 펼쳐질 거야. 하나님은 네가 그 길을 가는 동안 동행하시며, 말씀을 통해 너를 강하게 하시고 격려하시고 인도해주셔. 또한 성령님은 네가 그리스도 안에서 용서받았으며 자유롭게 다른 사람들을 섬길 수 있는 것, 두려움이나 죄책감의 짐에서 벗어난 것을 알고 매일 확신으로 가득한 새 삶을 살 수 있는 힘을 주셔. 좌절과 실망도 있겠지만, 기쁨과 축복이 훨씬 더 클 거야.

드디어 우리는 책의 마지막 부분에 이르렀어. 하지만 우리 자신과 다른 사람들에 대해 배우는 일은 아직 끝나지 않았어. 이후에도 계속 앞으로 나아갈 네가 다음의 내용들을 꼭 기억해주었으면 해.

1. 너 자신을 하나님으로부터 온 가치 있는 선물로 받아들이렴. 너는 특별하며, 이 세상에 단 하나뿐인 사람이야.

2. 너는 누군가가 의미 있는 관계 속에서 너를 알아가기 위해 노력할 만한 가치가 있는 사람이야. 그저 육체적인 매력에 기반을 둔 관계에 만족하지 마.

3. 너의 가족을 선물로 주신 하나님께 감사하렴. 가족과 잘 소통할 수 있도록 기도해. 가족은 너에게 가장 좋은 것이 주어지길 원하며, 너를 지지해주기 위해 있다는 사실을 알아야 해. 너의 가족을 있는 그대로 받아들이렴. 그들을 용서하고, 그들도 너를 용서해주길 기대해. 때때로 말과 포옹으로 너의 사랑을 보여주렴.

4. 너의 친구에 대해 하나님께 감사해. 너에게 긍정적인 영향을 미칠 좋은 그리스도인 친구들을 주시길 하나님께 기도하렴. 다른 사람들에게 다가가서 도와줘. 그들을 사려 깊게 대하고, 네가 대접받고 싶은 대로 그들을 대접하렴.

5. 결혼이라는 특별한 선물을 주신 하나님께 감사해. 너의 삶을 함께 나누고, 관계가 시작되는 순간부터 서로 존중할 수 있는 반려자를 주시도록 기도하렴.

6. 너의 몸에 대해 하나님께 감사해. 그 몸을 생기 있고 건강하게 유지하기 위해 노력하고 잘 보살펴야 해. 지혜롭게 먹고, 휴식과 기분 전환을 위한 시간을 가지며, 너의 특별한 관심사를 개발하고, 하나님이 주신 은사들을 사용하렴.

7. 너의 특별한 기술과 재능에 대해 하나님께 감사해. 네가 잘 해낼 수 있는 영역에서 노력하고 약한 점들을 강하게 만들어. 무엇을 하든 최선을 다하기로 결심하고, 너의 강점들과 한계점들을 받아들이도록 해.

8. 너의 생각과 아이디어들을 다른 사람들과 함께 나눠. 그들에게 조언을 구하고, 공정하고 의로운 그리스도인이 되는 것을 두려워하지 말렴. 네가 존경하고 신뢰하는 이들에게 마음을 열어. 부모님과 친구들에게 솔직해야 해.

더 생각해보기

- 인생의 이 시기에 예배, 기도, 말씀을 통해 하나님과 계속 연결되어 있는 것이 중요한 이유는 무엇일까?

- 너는 어떤 아들이 되고 싶니? 또 어떤 남자친구, 어떤 남편, 혹은 어떤 아버지가 되길 원해?

간음   결혼한 사람이 자기 배우자 외의 사람과 성관계를 갖는 것.

고환   두 개의 달걀 모양의 남성 생식샘으로, 정자가 생산된다.

금욕   자발적으로 어떤 것을 피하는 것. 성적인 의미로는 성적인 활동을 삼
        가는 것을 뜻한다.

난관   난소와 자궁을 연결하는 통로. 정자와 난자가 만나 이루어지는 수정
        은 보통 여기서 이루어진다.

난소   난자 세포가 성장하고 성호르몬이 생성되는 여성의 생식 기관. 여성에
        게는 두 개의 난소가 있다.

난자   여성의 난소에서 만들어져서 배란 기간에 배출되는 난세포.

뇌하수체 뇌의 아래 부분에 위치한 몸의 골밑샘. 여기서 생성되는 분비물이 여러
        신체기관을 통제하고 조절하며 가장 기본적인 몸의 기능에 영향을 끼
        친다.

동성애자 동성에게 마음이 끌리는 것을 경험하는 남자들과 여자들. 그들은 동
        성애자의 정체성을 발전시키거나 그렇지 않을 수도 있고, 감정이 이끌
        리는 대로 행동하거나 하지 않을 수도 있다.

몽정   자는 동안 정액이 배출되는 것으로 청소년기 소년들이 흔히 겪는 일이
        다.

발기   보통 성적으로 흥분해 있는 동안 남자의 음경이 커지고 단단해지는 것.

배란	성숙한 난자가 난소에서 배출되는 것.
복장도착자	일반적으로 이성이 주로 입는 옷을 입는 걸 좋아하는 사람.
불임	아기를 갖지 못하는 것.
사정	음경에서 정액이 배출되는 것.
사춘기	육체적으로 성숙하여 생식을 할 수 있게 되는 시기. 보통 남자는 13세에서 16세, 여자는 11세에서 14세에 시작한다.
생리	한 달에 한 번 자궁에서 노폐물과 혈액이 흘러나오는 것. 흔히 월경이라고 한다.
생식기	생식에 관여하는 성적 기관.
성병	거의 전적으로 성적 접촉에 의해 걸리는 여러 가지 전염병. 가장 흔한 것은 에이즈, 클라미디아, 헤르페스, 매독, 인유두종 바이러스, 임질, 트리코모나스증 등이다.
성적 학대	어른이나 또래에 의한 부적절한 성적 접촉.
수정란	수정이 이루어진 직후의 수정 세포.
안전한 성관계	콘돔 같은 적절한 안전장치를 사용하여 성교를 하면 사람들이 성병에 걸리지 않거나 임신을 하지 않을 거라는 잘못된 사상. 유일하게 안전한 성관계는 남편과 아내가 서로에게 충실한 결혼생활 안에서 성병에 감염되지 않은 상태에서 갖는 것이다.
에이즈	한 사람의 면역 체계를 깨뜨리고 다른 질병들과 싸울 수 있는 능력을 손상시키는 성병.
여드름	피부에 생기는 뾰루지, 피지, 그 외의 염증. 여드름은 청소년기에 나타나는 일반적인 현상이다. 그것은 피지의 과다한 분비, 죽은 피부 세포, 막힌 모공(모낭), 유분 생성, 박테리아 때문에 생길 수 있다.
요도	소변이 방광에서 나와 몸 밖으로 빠져나가는 관. 남성의 경우에는 정액도 운반한다.

유산	어머니의 몸이 자궁 안에서 사망한 아기를 배출해내는 과정.
유전자	아버지나 어머니의 특성들을 지니고 있는 정자나 난자의 작은 부분. 우성 유전자들이 열성 유전자들보다 더 강하며, 아기가 어떤 특징들을 물려받을지에 대해 더 큰 영향을 미칠 것이다.
음경	다리 사이에 있는 남성 생식기. 소변과 정액이 둘 다 그곳을 통해 몸에서 배출된다.
음낭	남자의 다리 사이에 있는 고환이 담긴 피부 주머니. 음경을 지지해주고 보호해준다.
음란물	하나님의 말씀이나 도덕적 가치에 대한 관심 없이 성을 묘사하는 책, 이미지, 영상 등을 일컫는다. 감정적인 반응을 일으키기 위해 모멸적이고 때로는 폭력적인 방법으로 벌거벗은 사람들이나 성적 행위들을 보여주거나 묘사한다.
임신중절(낙태)	아직 태어나지 않은 아이(배아 혹은 태아)를 죽임으로써 임신을 끝내는 것.
자위	성기를 만지거나 문지름으로써 성적인 자극을 주는 것.
전립선	정자와 섞인 액체를 분비하는 남성의 분비선.
정액	정자와 흰 액체로 구성되어, 임신을 일으키는 남성의 분비액.
정자	여성의 난자를 수정시키기 위해 고환에서 생산되는 남성 세포.
조기 사정	남자가 원하기 전에 성적 절정에 이르러 음경에서 정액이 배출되는 것.
조산아	자궁 안에서 10개월(40주)을 채우지 못하고 너무 일찍 태어나는 아기.
청소년기	일생에서 아동기와 성인기 사이의 기간. 십 대 시절.
태반	탯줄에 의해 태아와 자궁 내벽을 연결해주는 기관.
태아	어머니의 자궁 안에서 8주 이상 된 아기.
탯줄	태아와 태반을 연결하는 줄.
트랜스젠더	자신을 생물학적인 성과 다른 사람으로 인식하는 사람.

포경 수술	음경 끝의 포피를 제거하는 수술.
포피	음경의 귀두를 덮고 있는 피부의 접힌 부분(포경 수술을 참고하라).
피임	성관계를 갖는 사람들이 임신을 막기 위해 사용하는 방법.
항문	대변을 배출하는 구멍.
호르몬	성장과 발달을 조절하기 위해 몸에서 생성되는 강력한 화학물질로 혈액 속을 순환한다. 성호르몬은 생식 기관의 성장과 기능에 영향을 미친다.
혼전 성관계	결혼하기 전에 갖는 성관계.

성(性)과 새로운 나(남자)

초판 1쇄 발행	2020년 5월 18일
초판 2쇄 발행	2020년 6월 12일
개정판 1쇄 발행	2021년 12월 10일
개정판 2쇄 발행	2024년 8월 27일

지은이   Concordia Publishing House
옮긴이   유정희
감수   박영주 · 이진아

펴낸이   여진구
책임편집   이영주
편집   박소영 최현수 안수경 김도연 김아진 정아혜
책임디자인   마영애 | 노지현 조은혜 이하은
홍보 · 외서   진효지
마케팅   김상순 강성민   **마케팅지원**   최영배 정나영
제작   조영석 허병용   **경영지원**   김혜경 김경희

303비전성경암송학교 유니게 과정
이슬비전도학교 / 303비전성경암송학교 / 303비전꿈나무장학회

펴낸곳   규장
주소   06770 서울시 서초구 매헌로 16길 20(양재2동) 규장선교센터
전화   02)578-0003   **팩스**   02)578-7332
이메일   kyujang0691@gmail.com   **홈페이지**   www.kyujang.com
페이스북   facebook.com/kyujangbook   **인스타그램**   instagram.com/kyujang_com
카카오스토리   story.kakao.com/kyujangbook
등록일   1978.8.14. 제1-22

책값   뒤표지에 있습니다.
ISBN 979-11-6504-266-0   44230

규 | 장 | 수 | 칙

1. 기도로 기획하고 기도로 제작한다.
2. 오직 그리스도의 성품을 사모하는 독자가 원하고 필요로 하는 책만을 출판한다.
3. 한 활자 한 문장에 온 정성을 쏟는다.
4. 성실과 정확을 생명으로 삼고 일한다.
5. 긍정적이며 적극적인 신앙과 신행일치에의 안내자의 사명을 다한다.
6. 충고와 조언을 항상 감사로 경청한다.
7. 지상목표는 문서선교에 있다.

> 하나님을 사랑하는 자 곧 그의 뜻대로 부르심을 입은 자들에게는 모든 것이 合力하여 善을 이루느니라(롬 8:28)

규장은 문서를 통해 복음전파와 신앙교육에 주력하는 국제적 출판사들의 협의체인 복음주의출판협회(E.C.P.A:Evangelical Christian Publishers Association)의 출판정신에 동참하는 회원(Associate Member)입니다.